法政大学現代法研究所叢書 51

会社法と金融商品取引法の交錯

荒谷裕子＝檮川泰史　編著

法政大学出版局

はしがき

　本書は、法政大学現代法研究所の研究プロジェクト「会社法と金融商品取引法の交錯―コーポレートガバナンス論の新展開―」の研究成果をまとめたものである。

　平成26年の会社法改正や平成27年のコーポレート・ガバナンス・コードの制定を契機として、わが国のコーポレート・ガバナンスの在り方をめぐる制度改革は急速に進展した。その後も、その進展状況に合わせて、会社法・ガバナンスコードの改正・改訂はなされてきたが、成文法主義のわが国において、英米法の考え方がソフト・ローという形で、同時に導入されたことにより、実務では両者の関係をどのようにとらえるべきかという点を中心に、多くの混乱が生じている。特に、コーポレート・ガバナンス・コードを具現する東証規則は、法規制ではないにもかかわらず、会社の規模如何を問わず上場規制という形で規整圧力を強めており、中小規模の上場企業や株式公開を予定している企業では、むしろ実態と乖離したガバナンスの形骸化・空洞化も懸念されているところである。

　そもそもわが国では、コーポレート・ガバナンスに関する規整は会社の機関構成のあり方の問題として古くから議論され、商法・会社法が改正されるたびに、その不備が指摘され、規整の見直しがなされてきた。しかし、現在もなお、企業の不祥事はなくならず、依然として企業のガバナンス強化・充実が大きな問題となっている。にもかかわらず、改正議論だけが先行し、過去の改正の歴史を整理・分析し、その是非や、機能しない要因等について詳細に検証するという作業はこれまでなされてこなかった。本研究プロジェクトは、これまでのわが国におけるガバナンス改革の歴史や議論の過程を法制定当初から詳細に整

理・分析した上で、なぜこうした改革が十分な効果を挙げ得ず今日に至ったのかということを検討することによって、従来とは異なる新たな視点からのガバナンス規整の在り方・方向性を探求し提言することを目的として発足したものである。会社法および金商法にまたがって多様な関心を有する研究者の方々に、こうした問題関心の下に本プロジェクトに参加していただき、研究会では各回毎に意義深い研究成果が報告され、またそれぞれの視点から活発な議論が交わされた。この成果を一冊の論文集として編むにあたり、プロジェクトとして十分にまとまった問題提起をなし得ているかについては不安も残るが、それぞれ問題意識および成果について、読者諸氏からご意見等を賜ることができれば幸いである。

　最後に、本研究プロジェクトにご協力いただいた先生方、法政大学現代法研究所の皆様、三省堂印刷の星野雄大様、横澤英明様に大変お世話になった。心より感謝申し上げる。

2025年2月
　　橡川　泰史
　　荒谷　裕子

目　次

はしがき ……………………………………………………………………… i

第 1 章　取締役会における委員会設置の法的および経済的意義
　　　　──米国の上場会社における取締役会の委員会設置を中心に

顧　丹丹

Ⅰ　はじめに ……………………………………………………………… 1
Ⅱ　取締役会における委員会設置の法的意義 ………………………… 3
　1　監査委員会規制 …………………………………………………… 6
　2　報酬委員会規制 …………………………………………………… 9
　3　指名委員会規制 …………………………………………………… 14
　4　検討 ………………………………………………………………… 16
　　（1）取締役会における委員会設置の法的意義 ………………… 16
　　（2）委員会設置に関する米国の法規制の特徴 ………………… 21
Ⅲ　取締役会における委員会設置の経済的意義 ……………………… 23
　1　既存の実証研究 …………………………………………………… 24
　　（1）Klein（1998） ……………………………………………… 24
　　（2）Reed & Upadhyay（2010） ……………………………… 25
　　（3）Faleye, Hoitash & Hoitash（2011） …………………… 26
　　（4）Adams, Ragunathan & Tumarkin（2021） …………… 28
　　（5）Carter, Lynch & Martin（2022） ……………………… 29
　　（6）Kolev et al.（2019）'s review …………………………… 30
　2　理論分析 …………………………………………………………… 31
　　（1）集団意思決定の主体としての取締役会の優越性 ………… 31
　　（2）取締役会による集団意思決定における問題点 …………… 33
　3　検討 ………………………………………………………………… 38
　　（1）既存の実証研究から得られた示唆 ………………………… 38
　　（2）理論分析から得られた示唆 ………………………………… 39
Ⅳ　おわりに …………………………………………………………… 41

第2章 SECによるサイバーセキュリティの専門性を備えた取締役についての開示要求の提案とその撤回
――「取締役会の専門性」についての開示規制を考える一助として　　　　　野田　博

1　はじめに 43
2　SECによるサイバーセキュリティに関する開示規制の改正提案の背景と実現した事項 45
　（1）SEC改正提案の背景 45
　（2）サイバーセキュリティ関連の開示に関し改正が実現した事項 47
3　取締役会レベルでのサイバーセキュリティ専門性に関する開示要求 49
　（1）提案されていた規定内容 49
　（2）取締役会におけるサイバーセキュリティ専門性の開示要求に寄せられたコメント 49
　（3）セーフハーバー規定に寄せられたコメント 51
　（4）Item 407（j）の提案が取り下げられた理由 51
　（5）若干の考察 51
4　結びに代えて 54

第3章　企業の社会的責任とコーポレート・ガバナンスの実情について
　　　　　　　　　　　　　　　　　　　　　　　　　　　　保川宏昭

Ⅰ　序論 57
Ⅱ　コンプライアンス 60
　1　総論 60
　2　最近の事例 61
　3　J北海道旅客鉄道株式会社（以下「JR北海道」と称す）の不祥事事例からの考察 65
　　（1）JR北海道の不祥事等とその対応 65
　　（2）JR北海道の不祥事に対する内部統制システム面からの考察 68
　　（3）JR北海道の再生への期待 74

（4）10年の歳月を経て ……………………………………………… 75
　　（5）総括 …………………………………………………………… 75
　4　金銭にまつわる不祥事事例からの考察 …………………………… 76
　5　多様化するコンプライアンスとこれからの取り組み姿勢 ……… 84
Ⅲ　リスクマネージメント ……………………………………………… 87
Ⅳ　まとめ ………………………………………………………………… 88

第4章　Ｍ＆Ａにおける株主意思の尊重とその限界
──十分な情報の欠如および強圧性の問題を中心として

柳　　明昌

Ⅰ　はじめに ……………………………………………………………… 91
　1　問題提起 ……………………………………………………………… 91
　2　本稿におけるアプローチ …………………………………………… 95
Ⅱ　Ｍ＆Ａにおける株主意思の尊重 …………………………………… 96
　1　わが国における議論 ………………………………………………… 96
　　（1）指針 …………………………………………………………… 96
　　（2）学説および判例 ……………………………………………… 96
　2　米国における議論 …………………………………………………… 99
　　（1）*Corwin*判決 …………………………………………………… 99
　　（2）Ratificationの法理 ………………………………………… 102
　　（3）事前および事後の救済の関係 ……………………………… 103
Ⅲ　株主意思の尊重の限界 ……………………………………………… 104
　1　わが国における議論 ………………………………………………… 104
　　（1）指針 …………………………………………………………… 104
　　（2）判例 …………………………………………………………… 105
　　（3）学説・実務 …………………………………………………… 106
　2　米国における議論 …………………………………………………… 107
　　（1）十分な情報の欠如 …………………………………………… 107
　　（2）強圧性 ………………………………………………………… 109
　　（3）支配関係・利害関係 ………………………………………… 112

（4）株主の判断能力 …………………………………………… 113
　　　（5）第一段階目の公開買付けにも洗浄効果を認め得るか …… 113
　　　（6）買収防衛策に対する差止め（事前の救済） ……………… 114
　Ⅳ　本稿における課題の分析および検討 …………………………… 116
　　1　株主意思とは ………………………………………………… 116
　　2　意思確認の対象は何か ……………………………………… 117
　　3　株主意思の尊重とその効果 ………………………………… 118
　　4　株主意思の尊重の限界 ……………………………………… 120
　Ⅴ　結びに代えて …………………………………………………… 124

第5章　ドイツ企業買収法における価格規制と対象会社株主の保護
齊藤真紀

　　1　本稿の関心 ……………………………………………………… 125
　　2　ドイツにおける公開買付規制 ………………………………… 127
　　3　価格規制の概要 ………………………………………………… 129
　　　a．時価 …………………………………………………………… 130
　　　b．事前取得 ……………………………………………………… 130
　　　c．別途買付け …………………………………………………… 130
　　　d．事後取得 ……………………………………………………… 131
　　　e．対価の種類 …………………………………………………… 131
　　4　対象会社株主の私法上の請求権 ……………………………… 131
　　　（1）対象会社株主の救済 ……………………………………… 131
　　　（2）ポストバンク事件 ………………………………………… 136
　　　2014年7月29日連邦通常裁判所判決（抜粋） ………………… 138
　　　（3）判例・通説に対する批判 ………………………………… 141
　　　（4）ドイツの法状況に関するまとめ ………………………… 143
　　5　我が国への示唆 ………………………………………………… 146

第6章　社債の定義についての判例の立場
——最判令和3年1月26日（民集75巻1号1頁）から

橡川泰史

1　「社債」の定義をめぐる問題 ……………………………………………… 149
2　令和3年判決の事実の概要と判旨 ………………………………………… 152
　（1）事実の概要 …………………………………………………………… 152
　（2）判旨（〔A〕〜〔D〕の記号は引用の便宜から筆者が付加した）……… 153
3　最高裁令和3年判決の分析 ………………………………………………… 154
　（1）利息制限法1条が適用される「消費貸借」の範囲 ………………… 154
　（2）利息制限法の趣旨と社債 …………………………………………… 156
　（3）社債と消費貸借による貸金債権との相違 ………………………… 157
4　社債契約の特徴と利息制限法 ……………………………………………… 158
5　会社法上の社債概念についての判例の立場 ……………………………… 162

第 1 章
取締役会における委員会設置の法的および経済的意義
――米国の上場会社における取締役会の委員会設置を中心に

顧　丹丹

Ⅰ　はじめに

　米国型のコーポレートガバナンスまたはいわゆるモニタリング・モデルにおける取締役会制度の特徴の1つとして、取締役会に3委員会、すなわち監査委員会（audit committee）、報酬委員会（compensation committee）および指名委員会（nominating/corporate governance committee; nominations committee）を設置し、これらの委員会に取締役会の権限の一部を委任することがしばしば挙げられる。かかる取締役会の運営方法は1970年代から1990年代にかけて形成された実務慣行であり、2000年代以降、連邦法、米国証券取引委員会（Securities and Exchange Commission、以下「SEC」という）の規則および主要な証券取引所の上場規程における規制によりさらに制度的正当性を獲得したものである。現在、米国の大規模上場会社では、独立取締役のみからなる3委員会を設置しているのがほとんどである[1]。
　これに対し、日本においても、平成14年商法改正により米国のモニタリング・モデルを参考に「指名委員会等設置会社」制度（当時は「委員会等設置会社」といい、平成17年会社法の制定に伴い「委員会設置会社」に改められ、平成26年改正でさらに「指名委員会等設置会社」に改められた）が導入され、取締役会の下部組織として、取締役会構成員の一部のみを構成員とする委員会を

---

(1)　澤口実監修＝渡辺邦広編著『任意の指名委員会・報酬委員会の実務』（商事法務、2022）84頁、140頁参照。See also Spencer Stuart, U.S. Board Index 2023, at 35.

1

設置し、取締役会の権限の一部を委任するという委員会型の取締役会制度が法定されるようになった。平成26年には、日本伝統的なコーポレートガバナンス実務に配慮しつつ、社外取締役による経営監督を重視した新たな機関設計として、監査等委員会制度が創設された。現在、上場会社および会社法上の公開会社かつ大会社が選択できる3つの機関設計（監査役会設置会社、指名委員会等設置会社および監査等委員会設置会社）のうち、2つは委員会型の取締役会制度を用いている。近年、上場会社においては、委員会型の取締役会制度を採用した会社が急増し[2]、実務では、平成27年制定のコーポレートガバナンス・コードおよび平成29年制定のコーポレート・ガバナンス・システムに関する実務指針（CGSガイドライン）において、社外取締役の機能を強化する方法として取締役会における任意の委員会の設置が挙げられていることもあり、法律では求められていない任意の委員会を設置している会社も増加を続けている[3]。

　このような中で、委員会型の取締役会制度に関する立法および実務の動向を踏まえて、米国をはじめとする先進国のコーポレートガバナンス法制において、取締役会構成員の一部のみを構成員とする委員会の活用を重視しているという事実から、「委員会の利用には普遍的な合理性があることが推認される」と指摘する見解[4]がみられる。しかし、この推認された「普遍的な合理性」が実際

(2)　監査等委員会設置会社制度が創設されるまで（平成26年7月の時点）、コーポレート・ガバナンス報告書を提出している東証上場会社のほとんど（約98％）が監査役会設置会社であり、（当時）委員会設置会社の機関設計を選択している会社は全社の2％弱であった。「東証上場会社コーポレートガバナンス白書2015」15頁。平成26年会社法改正により監査等委員会設置会社制度が導入され、改正法の施行から約1年を経過した時点（平成28年7月）では、監査役会設置会社が全社の約8割へ減少し、指名委員会等設置会社は2％へ若干増加したのに対し、監査等委員会設置会社が全社の2割弱まで増加した。「東証上場会社コーポレートガバナンス白書2017」60頁参照。2024年9月30日付で「コーポレート・ガバナンス情報サービス」（https://www2.jpx.co.jp/tseHpFront/CGK010010Action.do?Show=Show）で検索した結果、監査役会設置会社は東証上場会社の約55％、監査等委員会設置会社は全社の約42％を占めるようになっており、指名委員会等設置会社は約3％にとどまる。

(3)　特に2018年コーポレートガバナンス・コードの改訂により任意の委員会が例示から要請へ変更されたことを受けて、監査役会設置会社または監査等委員会設置会社では任意の委員会の導入が一層進んできたとされる。澤口＝渡辺・前掲注(1)5頁。2021年7月時点ではTOPIX500およびTOPIX100の約9割以上の会社、2022年2月時点では全上場会社において6割近くの会社が任意の指名委員会または報酬委員会を設置しているようである。澤口＝渡辺・前掲注(1)48～51頁。

(4)　澤口実＝角田望＝飯島隆博＝坂尻健輔「委員会型ガバナンスの課題と展望」商事法務

にあるか、あるとすればその根拠をどこに求めるべきかは、必ずしも明らかにされていない。もっとも、近時、とりわけ米国の上場会社を対象とする研究には、取締役会の構成（誰が取締役に選任されているか）だけではなく、取締役会の構造（各取締役がどのように役割分担をしているか）が取締役会の果たす機能にどのような影響を与える／与えうるかを考察したものが増加しており、委員会型の取締役会制度の有効性を実証的に検討しようとする研究もみられるようになった[5]。

本稿は、以上のような問題意識に基づき、とりわけ米国の上場会社における取締役会の委員会設置について、その法的および経済的意義について、次のように検討を行う。まず、「Ⅱ」において、取締役会の委員会設置に関する米国の法規制を概観し、取締役会における委員会設置の法的意義を検討する。続いて、「Ⅲ」において、取締役会における委員会設置の経済的意義、すなわち委員会の設置が取締役会全体の意思決定の有効性および効率性に与えうる影響について、実証研究により明らかにされてきたことを踏まえつつ、集団意思決定に関する心理学、経済学または実証主義的政治学の知見を用いて、委員会型の取締役会制度の優越性とともにその問題点を分析してみる。最後に、「Ⅳ」において、以上のような検討から得られた示唆を要約し、今後の課題を示すことにより本稿を終えたい。

Ⅱ　取締役会における委員会設置の法的意義

米国では、少数の例外[6]を除き、州会社法は株式会社の取締役会において委員会を設置し、取締役会の権限を委譲することができる旨を定めるに過ぎず、株式会社が委員会を設置すべきかまたは如何なる委員会を設置すべきかに

2072号（2015）12頁。
[5]　米国の上場会社を対象として、取締役会に設置された委員会が果たしている経済的機能を実証的に検討した近年の研究をレビューしたものとして、岩崎拓也「取締役会の委員会に関する経済的機能」関西大学商学論集67巻1号（2022）1頁がある。
[6]　コネチカット州会社法は唯一の例外である。ALI, PRINCIPLES OF CORPORATE GOVERNANCE: ANALYSIS AND RECOMMENDATIONS (1994), vol. 1, at 100. *See also* Connecticut Business Corporation Act §33-753.

ついて具体的な規定を設けていない。例えば、デラウェア州会社法141条(c)は、①株式会社の取締役会は1名または2名以上の取締役から構成される委員会を1つまたは2つ以上設置することができること（DGCL§141(c)(1)(2)）、②各委員会の権限は会社の付属定款または取締役会決議により定められること（DGCL§141(c)(1)(2)）、③取締役会の権限のうち、（取締役の選解任を除く）株主総会による承認を必要とする事項の承認、採択または株主への提案および付属定款の採択、変更または廃止を除き、各委員会に委任することができること（DGCL§141(c)(1)(2)）、④会社の基本定款、付属定款および取締役会決議に反しない限り、各委員会はさらに1つまたは2つ以上の下部委員会を設置し、その権限を再委任することができること（DGCL§141(c)(3)）、⑤各委員会または各委員会の下部委員会の決議は、会社の基本定款、付属定款、取締役会決議または委員会決議において別段の定めがない限り、構成員の過半数が出席し（定足数を引下げる場合には3分の1を下回ってはならない）、出席した当該構成員の過半数をもって行うこと（DGCL§141(c)(4)）を定めている[7]。

　これに対し、連邦法、具体的には2002年サーベンス・オクスレー法（Sarbanes-Oxley Act; Public Company Accounting Reform and Investor Protection Act of 2002）および2010年ドッド・フランク法（Dodd-Frank Wall Street Reform and Consumer Protection Act of 2010）は、取締役会における監査委員会および報酬委員会の設置についてより具体的な規定を設けている。まず、エンロン・ワールドコムの不正会計事件を受けて制定されたサーベンス・オクスレー法[8]は、SECに対して規則の制定を求める形で、上場会社に対して、取締役会において完全に独立取締役から構成される監査委員会の設置および監査委員会における財務専門家の有無に関する情報開示を義務付けた[9]。また、リーマン・

---

[7]　2023年1月現在36の州によって採用されている模範事業会社法（Model Business Corporation Act, MBCA）§8.25はDGCL§141(C)(1)(2)とほぼ同様に取締役会における委員会の設置を定めている。*Available at* https://www.americanbar.org/groups/business_law/resources/model-business-corporation-act/（last visited September 30, 2024）.

[8]　サーベンス・オクスレー法の立法目的はその正式名称「上場企業会計改革および投資者保護法」の通り、米国の上場会社の財務情報開示の正確性および信頼性を向上させることにより投資者を保護するための法律である。

[9]　なお、サーベンス・オクスレー法は上場会社の取締役会における監査委員会の設置を義務付けたものの、取締役会制度全般の改革を求めたものではなかった。しかし、立法者お

ショック後に金融システム危機の再発防止を主な目的として制定されたドッド・フランク法は、金融機関や上場会社の経営者報酬規制等を強化するために、サーベンス・オクスレー法と同様にSECに対して規則の制定を求める形で、上場会社に対して、（サーベンス・オクスレー法とは異なり、委員会の設置それ自体を義務付けてはいないものの、）経営者報酬を決定する、または取締役会へ提案し、監督する報酬委員会の独立性を強化すること、報酬委員会がその職務を行うにあたり外部リソース（報酬コンサルタント等）を利用できるようにすること、および報酬委員会が外部リソースを利用するにあたって利益相反の要素に配慮することを要請する。

　サーベンス・オクスレー法やドッド・フランク法、SEC規則に加えて、証券取引所の上場規程も取締役会における委員会の設置について定めている。ニューヨーク証券取引所（以下「NYSE」という）やナスダック証券取引所（以下「NASDAQ」という）といった主要な証券取引所はサーベンス・オクスレー法の制定前から、その上場規程において上場会社の取締役会における監査委員会の設置を求めている。NYSEはサーベンス・オクスレー法の制定後に報酬委員会および指名委員会（NYSEではnominating/corporate governance committeeという）の設置を、NASDAQはドッド・フランク法の制定後に報酬委員会の設置をそれぞれ義務付けた。

　このように、米国では上場会社の取締役会における委員会の設置に関する規律は、連邦法（サーベンス・オクスレー法およびドッド・フランク法）、SEC規則および証券取引所の上場規程によって定められている。もっとも、同じく取締役会に設置される委員会であっても、監査委員会、報酬委員会および指名委員会は必ずしも同様に規律付けられているわけではない。以下では、監査委員会、報酬委員会および指名委員会のそれぞれについて、具体的な規制の内容

およびSECの要請を受けて、米国の主要な証券取引所は独立取締役の役割を強調する上場規程の改正を行い、①（支配株主のいる上場会社等を除き）上場会社に取締役会全体の過半数を独立取締役とすることを義務付けるとともに、②独立取締役の満たすべき独立性の基準を厳格かつ明確に定めて、③独立取締役および独立取締役のみから構成される監査委員会の義務と権限を拡張した。その結果、サーベンス・オクスレー法の制定前後では、米国上場会社の取締役会制度は大きく変容したとみられる。See STEPHEN M. BAINBRIDGE, THE COMPLETE GUIDE TO SARBANES-OXLEY (2007), at 127-134.

を確認したうえで、米国の上場会社における取締役会の委員会設置の法的意義および米国の法規制にみられる特徴とその合理性を検討する。

1　監査委員会規制

　監査委員会、報酬委員会および指名委員会のうち、法律上、上場会社に対して設置を義務付けられているのは監査委員会のみである。上場会社の監査委員会の設置義務はサーベンス・オクスレー法において、次のように定められている。まず、サーベンス・オクスレー法[10]1条(a)(3)は、監査委員会を「発行会社の会計および財務報告手続ならびに発行会社の財務諸表の監査を監督するために、発行会社の取締役会によって設置された、取締役会のなかにある委員会（またはそれに相当する機関）」と定義し、かかる委員会が設置されない場合には取締役会全体をもって監査委員会とすることを定める。そのうえで、同法301条は、1934年証券取引所法10A条(m)項（監査委員会に関する基準）を新設し、同条項に基づき、SECは各証券取引所がその上場規程において次の要件を満たした監査委員会の設置を発行会社に義務付ける旨の定めを設けるよう、規則を制定すべき旨を定める。すなわち、上場会社に設置義務が課された監査委員会は、【要件①】発行会社の外部監査人を選任し、報酬を支払い、監督する責任を負い、【要件②】独立取締役のみから構成され、【要件③】内部告発の処理手続を制定する義務を負い、【要件④】外部アドバイザーを雇用する権限を有するものとされている[11]。さらに、サーベンス・オクスレー法407条は、SECに対して、発行会社に監査委員会の構成員のうち最低1名の財務専門家の有無、いない場合にはその理由を定期報告書において開示することを義務付ける規則の制定を求める。

　サーベンス・オクスレー法における以上の定めに基づき、SECは規則10A-

---

(10)　Sarbanes-Oxley Act of 2002 (Public Law 107-204, 107th Congress), *available at* https://www.govinfo.gov/content/pkg/PLAW-107publ204/pdf/PLAW-107publ204.pdf, amendments through Public Law 117-28 (Dec. 29, 2022), *available at* https://www.govinfo.gov/content/pkg/COMPS-1883/pdf/COMPS-1883.pdf (last visited September 30, 2024).

(11)　*See* BAINBRIDGE, *supra* note 9, at 176-177.

3⁽¹²⁾を採択し、サーベンス・オクスレー法301条が定めた監査委員会構成員の満たすべき独立性に関する2つの基準、すなわち①コンサルティング料等の報酬の受領の禁止および②発行会社・子会社の関係者（affiliated person）でないことについて具体的に定めて（SEC Rule10A-3(b)(1),(e)(8)＆(e)(1))、自己規制機関（Self-Regulatory Organization; SRO）である国法証券取引所（national securities exchanges）および国法証券業協会（national securities associations）に対してかかる独立性基準を遵守するよう上場規程の改訂を求める⁽¹³⁾。また、SECは非財務情報の開示を規定するレギュレーションS-Kにおいて、コーポレートガバナンス開示の1つとして、監査委員会規程（audit committee charter）、監査委員会の構成員の氏名および取締役会が決めた監査委員会の財務専門家（audit committee financial expert）の開示等を求める（SEC Regulation S-K, item 407(d))。

　SECの上記の要請に応じて、NYSEは、2003年4月に上場会社マニュアル（NYSE Listed Company Manual)⁽¹⁴⁾を改訂し、内国上場会社がその取締役会においてSEC規則10A-3の定めた要件を満たした監査委員会を設置する義務を負うものとしたうえで（NYSE Manual§303A.06)、設置した監査委員会は次の追加的な要件を満たさなければならないとした。NYSEの上場会社においては、①監査委員会が3名以上の独立取締役から構成されなければならず、監査委員全員が財務に関する知識（financially literate）を有する者であって、最低1名の委員が会計または財務管理に関する専門性を有する者でなければならない（NYSE Manual§303A.07(a))。また、②上場会社は監査委員会の目的、職務遂行の評価、義務と責任を定めた委員会規程（a written charter）を持た

---

(12) 規則10A-3（上場会社の監査委員会に関する基準）の採択背景および内容等に関するSECのリリースについて、SEC, Standards Relating To Listed Company Audit, Release Nos. 33-8173; 34-47137; IC-25885（April 9, 2003)参照。Available at https://www.sec.gov/rules/2003/04/standards-relating-listed-company-audit-committees#P138_22917（last visited September 30, 2024).
(13) SEC規則10A-3の規定内容については、石田眞得編著『サーベンス・オクスレー法概説』（商事法務、2006）130～135頁〔釜田薫子〕および https://www.govinfo.gov/content/pkg/CFR-2013-title17-vol3/pdf/CFR-2013-title17-vol3-sec240-10A-3.pdf（last visited September 30, 2024) 参照。
(14) Available at https://nyseguide.srorules.com/listed-company-manual/09013e2c8503fc90（last visited September 30, 2024).

なければならず（NYSE Manual§303A.07(b)）、③経営者および監査委員会に対してリスク管理プロセスおよび内部統制システムに関する情報を提供する内部監査機能（an internal audit function）を有しなければならない（NYSE Manual§303A.07(c)）[15]。なお、②の委員会規程については、策定とともに開示も義務付けられており、NYSEはかかる委員会規程において定められる監査委員会の目的および義務と責任について、最低でも含めなければならない事項を次のように詳細に定めている。すなわち、監査委員会の目的には少なくとも、（A）上場会社の財務諸表の公正性、上場会社の法律および規制上の要求事項の遵守、独立監査人の資格および独立性、上場会社の内部監査機能および独立監査人の職務遂行という4事項に関する取締役会の監督（oversight）の支援、ならびに（B）（上場会社の年次委任状説明書に含まれる）監査委員会報告書の作成が含まれなければならない（NYSE Manual§303A.07(b)(i)）。また、監査委員会の義務と責任に含めるべき最低限の事項としては、SEC規則10A-3(b)(2)、(3)、(4)および(5)に定めた事項に加えて、（A）会社の内部品質管理手続、会社によってなされた1つ以上の独立的監査に関して生じた重大な問題、当該問題への対応手続および独立監査人と当該上場会社とのすべての関係を示した独立監査人作成の報告書を少なくとも毎年取得し審査すること、（B）「経営者による財務・経営成績の分析（Management's Discussion and Analysis of Financial Condition and Results of Operations）」のもとにおける当該上場会社特有の開示の審査を含む、監査済みの年次財務諸表および四半期財務諸表を、経営者および独立監査人とともに審査・協議するために会合すること、（C）上場会社の利益情報開示、ならびにアナリストおよび格付機関へ提供する財務情報と利益ガイダンスを検討すること、（D）リスク評価およびリスク管理に関する方針を検討すること、（E）経営者、内部監査人（または内部監査機能

---

(15) なお、NYSEは1977年より上場会社に対して経営者から独立する取締役から構成される監査委員会の設置を求めており、2003年4月の上場会社マニュアルの改訂は本文で説明した監査委員会に関する追加的な要件を定めたほか、独立取締役の要件を明確かつ厳格なものとした（NYSE Manual§303A.02）うえで、監査委員会の構成員は当該要件およびSEC規則10A-3(b)(1)の基準を満たすべきとし（NYSE Manual§303A.07(a)）、監査委員の独立性を強化した。また、当該改訂により、独立取締役のみからなる報酬委員会および指名委員会の設置もNYSEの上場会社に義務付けられるようになった。

の他の責任者）および独立監査人と、個別かつ定期的に会合すること、（F）監査上の問題または困難ならびに経営者の対応について独立監査人とともに審査すること、（G）独立監査人の従業員または元従業員の採用に関する明確な方針を策定すること、（H）取締役会に定期的に報告することを詳細かつ具体的に挙げている（NYSE Manual§303A.07(b)(iii)）。

　監査委員会の設置について、NASDAQの上場規程[16]はよりシンプルな定め方を用いているものの、NYSEとほぼ同様の内容を定めている（NASDQ Listing Rule§5605(c)）。もっとも、とりわけ監査委員会の独立性の要件については、NASDAQは次のような例外規定を設けており、NYSEより緩やかに規制している。すなわち、NASDAQの上場会社では、取締役会が例外かつ特定の状況において（under exceptional and limited circumstances）、会社および株主の最善の利益の要請によりその選任が必要であると判断したとき、監査委員会構成員の満たすべき独立性の要件を満たしてはいないものの、現任の役員・従業員・役員の家族でもない取締役1名を、監査委員として選任することができる（NASDAQ Listing Rule §5605(c)(2)(B)）。この例外は、当該監査委員と当該会社との関連性および取締役会の選任理由が開示されることおよび当該監査委員の任期が2年以内であり、かつ当該監査委員が監査委員会の議長（chair）を務めてはならないという条件のもとで限定的にしか認められないが、NYSEと比べ、NASDAQは監査委員会の満たすべき独立性の要件を比較的柔軟に認めている。

2　報酬委員会規制

　上場会社の取締役会における報酬委員会の設置は法律上、強制されていないものの、ドッド・フランク法952条において法定されている。同条は、1934年証券取引所法10C条（報酬委員会）を新設し、SECに対して、同条に基づき上場会社の取締役会に設置される報酬委員会の有すべき独立性（Dodd-Frank Act§952(a)）、報酬委員会が報酬コンサルタント等外部リソースを利用し、直接に監督する権限・責任（Dodd-Frank Act§952(b)～(d)）等に関する規則

---

(16)　*Available at* https://listingcenter.nasdaq.com/rulebook/nasdaq/rules/Nasdaq%205600%20Series（last visited September 30, 2024）.

の制定を求めている。ドッド・フランク法952条はサーベンス・オクスレー法301条と同様に、明文規定により、上場会社の取締役会に設置される委員会の構成および権限・責任を規律するものではあるが、次の点においてサーベンス・オクスレー法301条と顕著の違いがみられる。

　まず、上場会社に対して監査委員会の設置を義務付けたサーベンス・オクスレー法301条と異なり、ドッド・フランク法952条は報酬委員会または（如何なる名称を用いるかを問わず）典型的な報酬委員会の機能を担う取締役会の委員会の設置を義務付けておらず、かかる委員会が設置されない場合には取締役会全体をもって報酬委員会とすることや実際に報酬委員会を設置することも求めていない[17]。また、報酬委員会の独立性について、同条は①報酬委員会が独立取締役のみから構成されること（Dodd-Frank Act§952(a)(2)）および②SECおよび証券取引所が報酬委員会の構成員の独立性の基準を定めるにあたって考慮すべき要素（Dodd-Frank Act§952(a)(3)）を定めたが、とりわけ後者の報酬委員会の構成員の満たすべき独立性の基準の定め方はサーベンス・オクスレー法301条と対照的である。すなわち、サーベンス・オクスレー法301条は監査委員会の構成員が満たすべき最低限の独立性の要件として、①コンサルティング料等の報酬の受領の禁止および②発行会社・子会社の関係者でないことを具体的に定めているのに対し、ドッド・フランク法952条は報酬委員会の独立性に関連して考慮すべき要素として、①発行会社から受領するコンサルティング料等報酬の支払い（報酬要素）および②発行会社、発行会社の子会社または子会社の関係者との関連性（関連性要素）を挙げたにとどまり、具体的な独立性の基準の制定をSECおよび証券取引所に委ねた[18]。加えて、規定の適用対象にも違いがみられる。監査委員会を定めたサーベンス・オクスレー法301条は内国上場会社に対してほぼ例外なく適用される[19]のに対し、報酬委員会を

---

(17) SEC, Final Rule: Listing Standards for Compensation Committees, Release No. 33-9330 (June 20, 2012), at 8, *available at* https://www.sec.gov/files/rules/final/2012/33-9330.pdf (last visited September 30, 2024).
(18) 言い換えれば、サーベンス・オクスレー法301条は監査委員会の構成員の満たすべき最低限の独立性の要件を具体的に定めているのに対し、ドッド・フランク法952条は報酬委員会の構成員の満たすべき最低限の独立性の要件を定める権限をSECおよび証券取引所に与えた。*See* SEC, *supra* note 17, at 17-18.
(19) 監査委員会に関する規制の適用免除について、石田編著・前掲注(13)133～135頁、

第1章　取締役会における委員会設置の法的および経済的意義

定めたドッド・フランク法952条は、取締役を選任する株主総会において総議決権の50％以上を支配している株主がいる上場会社に対して、同条の適用を免除する（Dodd-Frank Act§952(g)）。

　ドッド・フランク法952条に基づき、SECは2012年6月に、新しい規則10C-1を採択し、各証券取引所に対して、上場規程において上場会社における報酬委員会の独立性を強化する規定、上場会社が報酬委員会に報酬コンサルタント等を利用し、直接に監督する権限・責任を認める規定、および報酬委員会が報酬コンサルタント等を利用するにあたって利益相反の要素を考慮すべき義務を負うとする規定の制定を求めた。新しい規則10C-1は、報酬委員会の設置や報酬委員会の構成員の満たすべき独立性の基準について、各証券取引所に対して広い裁量を認めるというドッド・フランク法952条の立場を維持し、報酬委員会またはそれに相当する取締役会の委員会の設置を義務付けず[20]、報酬委員会構成員の独立性の基準を各証券取引所が独自に定めることができるとした[21]。もっとも、SECは、ドッド・フランク法952条において触れていない「報酬委員会」の定義について、新しい規則10C-1における「報酬委員会」は正式の名称を問わず、典型的な報酬委員会によって担われる経営者報酬の監督等の機能を果たす取締役会の委員会のみならず、かかる委員会がない場合には取締役会を代表して経営者報酬を監督する個々の取締役を含むと説明する[22]。その結果、新しい規則10C-1に基づき制定される「報酬委員会」に関する各証券取引所の上場規程は、正式の報酬委員会の設置の有無を問わず、（ドッド・フランク法およびSEC規則において明文により報酬委員会に関する規定の適用を免除された会社[23]を除く）すべての上場会社に適用されることとなった。なお、

146～149頁〔釜田〕参照。
(20) SEC, *supra* note 17, at 13.
(21) SEC, *supra* note 17, at 22-23. もっとも、各証券取引所が定めた報酬委員会構成員の独立性の基準は事前にSECによる審査と承認を受けなければならない。*id.* at 23.
(22) SEC, *supra* note 17, at 13.
(23) なお、新しい規則10C-1の適用免除の対象について、SECは①ドッド・フランク法952条(g)における支配株主のいる上場会社は、取締役の選任に株主総会決議が必要であるかを問わず、当該会社の発行済株式の総議決権の50％以上を支配している株主がいる会社を意味するとし、②新しい規則10C-1は規模が小さいゆえに、経営者報酬の設計が比較的シンプルであって、また強化された独立性の基準を満たす社外取締役のリクルートが困難であると考えられる小規模な報告会社（1934年証券取引所法規則12b-2, smaller reporting

報酬委員会に関する開示について、SECはレギュレーションS-Kにおいて、報酬委員会の設置、報酬委員会の規程、経営者および取締役の報酬を検討または決定するためのプロセスと手続、報酬委員会にある他会社との連結関係[24]および内部者委員[25]（Compensation Committee Interlocks and Insider Participation）、ならびに報酬委員会報告書の開示を求めており（SEC Regulation S-K, item 407(e)）、そのうち、経営者および取締役の報酬を検討または決定するためのプロセスと手続に関する開示として、報酬コンサルタントの利用状況および利益相反をもたらしうる報酬コンサルタントと発行会社との取引関係の開示を求める[26]。

　NYSEおよびNASDAQは上場会社の報酬委員会の設置義務について異なる立場をとってきたものの、いずれもドッド・フランク法制定前から、上場規程において報酬委員会に関する定めを設けている[27]。ドッド・フランク法952条およびSEC規則の制定または改正を受けて、両証券取引所はそれぞれ上場規程における関連規定を改正し、現行の上場規程では報酬委員会について次のように定めている。

---

companies）に適用されないとした。SEC, *supra* note 17, at 60-61.
(24)　他会社との連結関係（interlocks）とは、発行会社と他会社の執行役員が相互に相手会社の報酬委員または取締役を兼任するという関係であり、具体的には①発行会社（A社）の執行役員が他会社（B社）の報酬委員を兼任すると同時に、当該他会社（B社）の執行役員が当該発行会社（A社）の報酬委員を兼任する場合、②発行会社（A社）の執行役員が他会社（B社）の取締役を兼任すると同時に、当該他会社（B社）の執行役員が当該発行会社（A社）の報酬委員を兼任する場合、および③発行会社（A社）の執行役員が他会社（B社）の報酬委員を兼任すると同時に、当該他会社（B社）の執行役員が当該発行会社（A社）の取締役を兼任する場合を意味する（SEC Regulation S-K, item 407(e)(4)(ⅲ)）。このような連結関係がある場合には、発行会社の報酬委員または取締役が自らの報酬を決定する者の報酬を決定することとなるため、独立した立場から客観的に報酬委員としての役割を果たせないおそれがあることから、開示の対象となっていると考えられる。
(25)　内部者委員とは、発行会社の役員または従業員である者、過去に発行会社の役員であった者、およびItem 404に基づき開示される関連当事者取引と発起人・特定の支配者（promoters and certain control persons）取引に関係をもつ者を意味する（SEC Regulation S-K, item 407(e)(4)(ⅰ)）。内部者委員にあたる報酬委員会の構成員も重要な利害関係をもつ者の報酬を決定するため、独立した立場から客観的に報酬委員としての役割を果たせないおそれがあることから、開示の対象となっていると考えられる。
(26)　*See also* SEC, *supra* note 17, at 75-79.
(27)　なお、NYSEおよびNASDAQの上場規程は従来から、総議決権の50％以上を支配している株主がいる上場会社に対して報酬委員会に関する規定の適用を免除している。BAINBRIDGE, *supra* note 9, at 163-165.

NYSEは2003年4月の上場会社マニュアル改訂以来、独立取締役のみから構成される報酬委員会の設置を義務付けており、ドッド・フランク法952条および新しいSEC規則10C-1の制定後もその立場を維持し、現行の上場規程では報酬委員会について次のように定めている。まず、NYSEの上場会社においては、独立取締役のみから構成される報酬委員会を設置しなければならず、報酬委員会の構成員が追加的な独立性の要件を満たさなければならない（NYSE Manual§303A.05(a)）。すなわち、通常の独立取締役に関しては、独立取締役であるとされるには、当該取締役が当該上場会社と重要な関係を有しないとする、取締役会の積極的な（affirmative）決定がなされなければならないが、報酬委員会の構成員である独立取締役については、取締役会がその積極的な決定をするにあたって、ドッド・フランク法952条に挙げられた2要素（報酬要素および関連性要素）を含め、独立した立場から報酬委員の義務を果たす能力を損ないうるすべての要素を考慮しなければならない（NYSE Manual§303A.02(a)(ⅱ)）。また、NYSEは上場会社に対して、報酬委員会の目的と責任、職務遂行の評価および（報酬コンサルタント等を利用する等の）権限を定めた委員会規程の策定および開示を義務付けている（NYSE Manual§303A.05(b)）。なお、委員会規程で定めるべき各種事項のうち、報酬委員会の目的と責任については、報酬委員会が少なくとも、①CEO報酬に関する当該上場会社の目標を審査・承認し、かかる目標に照らしてCEOのパフォーマンスを評価し、その評価に基づき、委員会としてまたは（取締役会の指示のもとで）他の独立取締役とともに、CEOの報酬水準を決定・承認すること、②CEO以外の執行役員（executive officer）の報酬および取締役会の承認を要するインセンティブ報酬や株式報酬制度について、取締役会に提案すること、③報酬委員会に関する情報開示を準備することについて、直接に責任を持たなければならないとされている（NYSE Manual§303A.05(b)(ⅰ)）。

　NASDAQはこれまで、上場会社に報酬委員会の設置を義務付けていなかったものの、経営者報酬の決定・（取締役会への）提案は独立取締役のみから構成される報酬委員会または独立取締役の過半数により行われることを求めていた。ドッド・フランク法952条および新しいSEC規則10C-1の制定を受けて、NASDAQはこの立場を改め、一定の例外を除き、上場会社は取締役会におい

て2名以上の独立取締役から構成される報酬委員会を設置しなければならないとした（NASDQ Listing Rule §5605(d)(2)）。かかる改正の理由について、NASDAQは「今般のコーポレートガバナンス環境における経営者報酬に関する意思決定の重要性の増加に鑑み」、2名以上の独立取締役から構成される「経営者報酬の監督に専念する常設の委員会を取締役会において設置することが有益である」からであると説明する[28]。また、NASDAQはNYSEと同様に、報酬委員会の構成員に対して（ドッド・フランク法952条に挙げられた報酬要素および関連性要素に関する）追加的な独立性の要件を求めるものの、報酬委員会が3名以上の取締役から構成された場合には、取締役会が例外かつ特定の状況において、会社および株主の最善の利益の要請によりその選任が必要であると判断したとき、報酬委員会構成員の満たすべき独立性の要件を満たしてはいないものの、現任の役員・従業員・役員の家族でもない取締役1名を、報酬委員として選任することができるとしている（NASDAQ Listing Rule §5605(d)(2)(B)）。この適用免除の例外は、当該報酬委員と当該会社との関連性および取締役会の選任理由が開示されることおよび当該報酬委員の任期が2年以内であることを条件として限定的にしか認められないが、NASDAQは監査委員会のみならず、報酬委員会の独立性についても、個々の上場会社の特殊事情を柔軟に考慮して比較的緩やかに定めている。なお、NASDAQも上場会社に対して、報酬委員会の職務・権限と職務遂行の方法等を定めた委員会規程の策定を求めるものの、NYSEと異なり、報酬委員会の負うべき最低限の責任を具体的に定めていない（NASDAQ Listing Rule §5605(d)(1)）。

3　指名委員会規制

　監査委員会または報酬委員会と異なり、取締役候補者やCEO後継者の指名を主たる職務とする[29]指名委員会は、法定された委員会ではない。また、

---

(28)　SEC, Order Granting Accelerated Approval of Proposed Rule Change as Modified by Amendment Nos. 1 and 2 to Amend the Listing Rules for Compensation Committee, Release No. 34-68640 (Jan. 11, 2013), at 6, *available at* https://www.sec.gov/files/rules/sro/nasdaq/2013/34-68640.pdf (last visited September 30, 2024).

(29)　*See* BAINBRIDGE, *supra* note 9, at 148-149. 米国の指名委員会の権限について、澤口＝渡辺・前掲注(1)124頁も参照。

第1章　取締役会における委員会設置の法的および経済的意義

　NYSEおよびNASDAQの上場規程はいずれも指名委員会について定めているものの、指名委員会の設置義務について異なる立場をとっている。NYSEは2003年4月の上場会社マニュアル改訂以来、その上場規程において、完全に独立取締役から構成される指名／コーポレートガバナンス委員会の設置を義務付けている（NYSE Manual§303A.04(a)）[30]。これに対し、NASDAQは上場会社に対して指名委員会の設置を義務付けておらず、取締役候補者の決定・（取締役会への）提案は独立取締役のみから構成される指名委員会または独立取締役のみの投票で過半数の賛同により行われることを求めるにすぎない（NASDAQ Listing Rule§5605(e)(1)）[31]。

　監査委員会または報酬委員会に関する規定に比べ、NYSEおよびNASDAQの上場規程における指名委員会に関する規定は極めて簡素なものとなっており[32]、指名委員会が独立取締役のみから構成されることおよび指名委員会の権限等を定めた委員会規程を策定することを上場会社に求めるにすぎない。また、構成員の独立性の基準についても、監査委員会または報酬委員会の場合と異なり、NYSEもNASDAQも、指名委員会の構成員が通常の独立取締役の要件を満たせば足りるとし、追加的な独立性の基準を設けておらず、より緩やかに規制している[33]。

(30)　そのため、NYSEの上場会社は、取締役会において独立取締役のみから構成される3つの委員会（監査委員会、報酬委員会および指名／コーポレートガバナンス委員会）を設置しなければならない。もっとも、監査委員会とは異なり、報酬委員会および指名／コーポレートガバナンス委員会については、3名以上の人数制限が設けられていない（NYSE Manual§303A.04 &§303A.05）。
(31)　NASDAQの上場会社では、監査委員会および報酬委員会の設置が義務付けられているが、指名委員会の設置は選択可能、すなわち任意である。
(32)　SEC規則も、指名委員会に関してはレギュレーションS-Kにおいて、指名委員会を設置しない場合にはその理由および取締役候補者の検討に参加する取締役、取締役の指名プロセスに関する情報および取締役候補者の株主提案手続にあった重要な変化を開示することを求めるにすぎない（SEC Regulation S-K, item 407(c)）。
(33)　なお、NASDAQは監査委員会または報酬委員会の場合と同様に、次のような場合に例外として、独立取締役でない取締役を指名委員会の構成員とすることを認めている。すなわち、3名以上の取締役から構成される報酬委員会については、取締役会が例外かつ特定の状況において、会社および株主の最善の利益の要請によりその選任が必要であると判断したとき、独立取締役の要件を満たしてはいないものの、現任の役員・従業員・役員の家族でもない取締役1名を、指名委員会の構成員とすることができ、この例外は、当該委員と当該会社との関連性および取締役会の選任理由が開示されることおよび当該報酬委員の任期が2年以内であることを条件として認められる（NASDAQ Listing Rule §5605(e)(3)）。

15

4　検討

(1) 取締役会における委員会設置の法的意義

米国では2002年に成立したサーベンス・オクスレー法により、独立取締役のみから構成される監査委員会の設置が上場会社に対して義務付けられ、取締役会における委員会の設置は法律において明文で定められるようになった。しかし、それ以前に、各種委員会の利用は上場会社においてすでに相当程度普及しており、法律（連邦法）における明文化に先行して、SECの提言や開示規制およびNYSE等主要な証券取引所の自主規制が行われていた。

米国の上場会社において一般的に利用されている3委員会のうち、最初に規制の対象となったのは監査委員会である。1938年末に発覚した（NYSEの上場会社であった）McKesson & Robbins, Inc.の財務諸表における架空の資産計上の問題[34]を受けて、SECは1940年に上場会社の監査手続を改善し、財務情報の開示の正確性および内部統制の妥当性を高めるために、上場会社の取締役会において経営者から独立した監査委員会を設置すべき旨の提言をした[35]。1970年代には、SECは提言のレベルを超えて、開示規則において、NYSEは上場規程において監査委員会の設置をそれぞれ定めるようになった。SECは1974年12月の規則改正において、上場会社に対して監査委員会の設置の有無、設置された場合には構成員の氏名を委任状説明書において開示することを求め、1978年12月の規則改正後では、監査委員会の役割および直前の事業年度の監査委員会の開催回数も開示の対象となった[36]。他方、NYSEはさらに一歩踏み込んで、1977年に上場規程において、経営者から独立しており、かつ取締役会の見解として独立した判断の妨げとなる如何なる関係ももたない取締役のみから構成される監査委員会の設置を内国上場会社に対して義務付けた[37]。1989

---

[34]　事件の詳細については、岡嶋慶「SEC監査規制史におけるマッケソン＆ロビンス事件」慶応大学三田商学研究55巻1号(2012)17頁以下参照。
[35]　SEC, *supra* note 12, Ⅰ & Ⅱ・A・1.
[36]　Edward F. Greene & Bernard B. Falk, *The Audit Committee: A Measured Contribution to Corporate Governance*, 34 BUS. LAW. 1229, 1235(1979). SEC, *supra* note 12, Ⅰ. 石田編著・前掲注(13)124〜125頁〔釜田〕も参照。
[37]　Greene & Falk, *supra* note 36, at 1235, 石田編著・前掲注(13)125〜127頁〔釜田〕。1989

年に、NASDAQも独立取締役からなる監査委員会の設置を上場会社に義務付けた。さらに、1999年には、ブルーリボン委員会（Blue Ribbon Committee on Improving the Effectiveness of Corporate Audit Committees）の勧告に基づき、NYSEおよびNASDAQは監査委員会に関連する上場規程の改正を行い、監査委員会構成員の最低人数や財務知識、監査委員会規程の策定・開示等についても規定を設けた。このように、監査委員会に関しては、NYSEおよびNASDAQは1990年代末の時点においてすでに現在の上場規程とほぼ同様の規制構造を有するようになった。

　監査委員会とは異なり、報酬委員会および指名委員会は法律上、設置が義務付けられているわけではない。しかし、NYSEは2003年4月の上場会社マニュアル改訂以来、上場規程において経営者から独立する取締役のみから構成される3委員会、すなわち監査委員会、報酬委員会および指名／コーポレートガバナンス委員会の設置を上場会社に対して義務付けている。また、2010年のドッド・フランク法において報酬委員会に関する規律が設けられたことを受けて、NASDAQは従来から設置を求めている監査委員会に加えて、一定の例外を除き、独立取締役のみから構成される報酬委員会の設置を上場会社に対して義務付けるようになった。指名委員会に関しては、NASDAQは現在でも、その設置を選択可能としており、義務付けているわけではないが、上場規程においてあえて関連規定を設けているから、任意設置ではあるものの、実質、設置を推奨しているといえる。

　もっとも、SECおよびNYSE等証券取引所の監査委員会規制は、1970年代初頭に米国の上場会社において監査委員会の設置が相当程度普及していたという実務慣行を追認したにすぎない。1973年にはNYSEの上場会社のうち約80％が監査委員会を設置しているようである[38]。1970年代末に至っては、取締役会が監査委員会を通じて、経営者に依存することなく会社の財務、会計や法令遵守等経営者の業務執行に関する客観的な情報を入手できるため、（経営者から独立する取締役のみから構成される）監査委員会の設置は取締役会の監督機能を改善するための有益な手段であるというコンセンサスが、米国の会社実

---

(38)　石田編著・前掲注(13)125頁注9〔釜田〕。

務においてすでに形成されていたとみられる[39]。また、前述した1978年12月のSECの規則改正では、監査委員会のみならず、報酬委員会および指名委員会についても、同様の開示が求められていた[40]。SECの開示規則やNYSEの上場規程の改正の契機となった上場会社の不正会計問題と直接に関係しないことから、この時期では報酬委員会および指名委員会への関心が監査委員会ほどではなかったとみられる。しかし、1970年代の米国では、経営者支配のもとで行われてきた非効率な合併や多角化経営が株主から批判され、株主利益の最大化に向けて経営者の経営効率性を如何に高めるべきかという議論がなされている[41]と同時に、取締役会の主たる職務は経営者に対する監督（monitoring）であるというコンセンサスが形成されつつある[42]。この時点でも、株主の利益の保護とともに会社の経営効率の改善のため、取締役会のより一般的な監督機能[43]を強化すべく、取締役会全体に比べ（CEO等経営者から）より高い独立性を有する報酬委員会または指名委員会を設置し、経営者の報酬および選解任の決定を行わせることが有益であるという認識がすでにある程度共有されていたと考えられる[44]。

　1980年代には、社外取締役や独立取締役の数の増加とともに、独立取締役の機能を重視する裁判規範および社会規範も徐々に形成され[45]、大多数の上場

---

(39) See Greene & Falk, supra note 36, at 1230-31.
(40) Greene & Falk, supra note 36, at 1235, note 21.
(41) 武井一浩「米国型取締役会の実態と日本への導入上の問題（Ⅱ）」商事法務1506号（1998）33～36頁参照。
(42) いわゆるモニタリング・モデルは1970年代に、MELVIN A. EISENBERG, STRUCTURE OF CORPORATION: A LEGAL ANALYSIS (Little Brown, 1976) において打ち出され、当該モデルのもとでは、会社の個別・具体的な業務執行の決定（会社の経営）がCEO等最高経営者を頂点とする業務執行者からなる経営陣に委ねられ、取締役会は業務執行に関連して、原則、経営の基本方針（経営戦略や経営計画）の決定を行うにとどまり、その主たる職務は業務執行者に対する監督であるとされる。藤田友敬「『社外取締役・取締役会に期待される役割—日本取締役協会の提言』を読んで」商事法務2038号（2014）6～7頁、田中亘『会社法（第4版）』（東京大学出版会、2023年）240～241頁参照。
(43) モニタリング・モデルのもとでは、取締役会の監督機能が主として、CEOをはじめとする経営者のパフォーマンスに対する評価およびその選解任を通じて果たされるとされる。EISENBERG, supra note 42, at 162-168.
(44) EISENBERG, supra note 42, at 250は独立取締役から構成される監査委員会の設置のみに言及しているものの、取締役会の監督機能を果たすにはCEOから独立していることが前提であるとする。id. at 170.
(45) NYSEは1960年代後半から上場会社に対して2名以上の社外取締役の選任を求め、

会社は社外取締役・独立取締役から構成される監査委員会、報酬委員会および指名委員会を設けるようになった[46]。上場会社におけるこのような実務慣行を踏まえて、1992年に公表されたアメリカ法律協会（ALI）による「コーポレート・ガバナンスの原理：分析と勧告」は、とりわけ大規模の公開会社において、上級執行役員（senior executive officer）と重要な関係を有しない取締役が構成員の過半数を占める監査委員会（§3.05 & 3A.02）、指名委員会（§3A.04）および報酬委員会（§3A.05）を取締役会において設置することを勧告する[47]。これにより、独立取締役のみから構成されるもしくは主に独立取締役からなる3委員会を設置するという実務慣行にはいわばソフトローとしての正当性が認められるようになった。

2000年代初頭には、上場会社の不正会計の不祥事や金融システムの危機の発生を受けて、取締役会の監督機能の実効性および効率性が問題視されるようになり、それへの対応として、2002年のサーベンス・オクスレー法および2010年のドッド・フランク法は大多数の上場会社において利用されている監査委員会および報酬委員会の機能改善に注目したとみられる。上場会社の取締役会の委員会制度は制定法（連邦法）において定められるようになったが、これらの法律は取締役会における委員会設置に関するルールを創設したものではなく、これまでの実務慣行ないし既存の（ソフトローの）ルールを制定法にお

1973年にさらに最低3名の社外取締役の選任を推奨するようになり、1970年代初頭では、NYSEに上場している会社のほとんどが1名または2名の社外取締役を選任しており、94％の会社が3名以上、半数以上の会社が7名以上を選任している。EISENBERG, *supra* note 42, at 174-175. 1970年代後半では監査委員会の設置がNYSEの上場会社に義務付けられ、当時、米国の上場会社において社外取締役・独立取締役の選任が増加傾向にあるものの、人数は取締役会構成員の3分の1程度にとどまる。米国における社外取締役・独立取締役の選任が普及し機能するようになった経緯については、大杉謙一「社外取締役（独立取締役）」アメリカ法2004-1号（2004）13～17頁参照。

(46) See ALI, *supra* note 6, at 103, 120-121, 126.
(47) ALI, *supra* note 6, at 100-128. なお、アメリカ法律協会は「コーポレート・ガバナンスの原理：分析と勧告」において、本文で述べた要件に加えて、監査委員会については3名以上の構成員を有することおよび構成員全員が会社と雇用関係を有せず、かつ直近の過去2年内においても会社と雇用関係を有しなかったことを、報酬委員会および指名委員会については構成員全員が会社の執行役員（officer）または従業員（employee）でないことをそれぞれ求める。また同協会は、監査委員会および指名委員会に関してはすべての上場会社に対して設置を勧告するのに対し、報酬委員会については大規模の公開会社のみに対して設置を勧告している。

いて追認するとともに、とりわけ監査委員会および報酬委員会を規律するルールをさらに精緻化したものである[48]。なお、特にサーベンス・オクスレー法施行前後では、米国の上場会社では、取締役会自体の開催頻度（年間の回数）に大きな変化がみられないのに対し、取締役会のもとで設けられた委員会の開催頻度およびこれらの委員会への独立取締役の出席回数が倍増したという指摘がある[49]。これは、法律で明文化されたことにより、独立取締役を主な構成員とする各種委員会の役割が実務において一層重視、強化されてきたことを意味する。

　以上のような歴史を経て生成し発展してきた委員会設置制度は次のような法的意義を有すると考えられる。まず、米国型のコーポレートガバナンス制度のもとでは、委員会設置の法的意義・制度目的は上場会社の取締役会の監督機能の強化にあり[50]、より具体的には取締役会に株主利益の最大化の観点から経営者の業務執行を客観的に評価させるとともに、会社の経営効率の改善につながる効率的な監督を行わせるためであると考えられる。また、独立取締役を主な構成員とする委員会の設置がモニタリング・モデルの取締役会制度ないし米国型コーポレートガバナンスの特徴の1つとして位置付けられるようになったのは、かかる委員会の設置は上記のような法的意義・制度目的を果たせるという認識が上場会社のコーポレートガバナンス実務、証券市場の規制監督機関および立法者の間で共有されたからである。もっとも、委員会設置型の取締役会制度は取締役会の監督機能を強化するための必然的な選択ではないように思われる。独立取締役を重視して取締役会の監督機能を強化するという目的を実現するには、理論的に、例えば、取締役会の監督機能に係る一部の決議事項につき、独

---

(48)　メルビン・A・アイゼンバーグ（船津浩司訳）「アメリカの監査委員会と日本の監査役」商事法務1818号（2007）35頁参照。

(49)　Renee B. Adams, Vanitha Ragunathan & Robert Tumarkin, *Death by Committee? An Analysis of Corporate Board (sub-) Committees*, 141 J. FINANC. ECON. 1119 (2021), at 1130. 同研究は、1996年から2010年までのS&P1500構成銘柄企業を研究の対象としており、サーベンス・オクスレー法施行後には、社内取締役の委員会出席の年間平均回数が減少したのに対し、社外取締役が委員会に参加する年間平均回数は著しく増加した（1996～2001年の間は概ね年間5回で推移していたところ、2004～2010年の間は年間10回以上となった）ことを指摘する。

(50)　アメリカ法律協会は3委員会の設置目的について、いずれも「取締役会の監督機能を補充し補助するため（to implement and support the oversight function of the board）」であると説明する。ALI, *supra* note 6, at 100, 110, 117, 123.

立取締役とそれ以外の取締役の有する議決権の内容または数を差別化するというアプローチを用いることも考えられる。米国ではこのようなアプローチではなく、独立取締役を主な構成員とする各種委員会を取締役会において設置するという手段が用いられてきたのは、1970年代から1990年代にかけてかかる実務慣行がすでに広く受け入れられたという歴史的経緯によるところが大きいと思われる。

(2) 委員会設置に関する米国の法規制の特徴

取締役会における委員会設置に関する米国の法規制には、次のような特徴がみられる。まず、全体として、取締役会の委員会設置に関する規律は連邦法(サーベンス・オクスレー法およびドッド・フランク法)、証券市場の規制監督機関であるSECが制定した規則および自己規制機関である証券取引所が採用した上場規程によって定められているが、連邦法ではミニマムの規定しか設けられておらず、より具体的なルールを定める権限がSECおよび証券取引所に与えられている。次に、監査委員会、報酬委員会および指名委員会を規律する具体的なルールをみると、法律上、設置を義務付けられているのは監査委員会のみであって、立法者は委員会設置の意義・重要性を認識しながらも、強行規定により取締役会における委員会の設置を求めることに慎重的な態度をみせている一方、各種委員会に関する開示(各種委員会設置の有無、ある場合には当該委員会の役割、ない場合には典型的に当該委員会によって担われる機能の実現方法・手続等の開示)を重視している点、監査委員会、報酬委員会および指名委員会を規律する各種規定は共通して、委員会およびその構成員の独立性を重視しているものの、独立性の基準を委員会ごとに異なる形で定めている点も特徴的である。

このような規制方法は次のような理由から一定の合理性を有するものと考えられる。米国の委員会制度は上場会社の実務慣行から発展してきたものであり、その目的は経営者に対する取締役会の監督の強化にある。しかし、経営者を効果的かつ効率的に監督する手段は取締役会にかぎられない。例えば、株式が集中保有されている上場会社では、独立取締役を主な構成員とする委員会による監督が、支配株主による監督を補完するにすぎないと考えられる。また、取締役会における委員会の設置が一般的に有用であるとしても、会社によって、そ

の必要性・重要度が異なり、また望ましい委員会のあり方も異なりうる。具体的なルールを定める裁量権を証券市場の規制監督機関または証券取引所に与えることは、上場会社の実情に合わせた合理的な制度設計に寄与すると考えられる。

　また、特に小規模の上場会社にとっては、法定の要件を満たした委員会の設置に伴うコストに見合うほどのベネフィットが得られないことも考えられるため、委員会の強制設置は必ずしも合理的な規制方法ではない[51]。個々の会社に適した形で取締役会に経営者を効果的かつ効率的に監督させるには、むしろ取締役会が如何にその監督機能を果たしているかを開示させ、株主をはじめとする各種利害関係者が取締役会の活動を適切に評価できるようにする制度設計が望ましいと考えられる。

　さらに、同じく取締役会の監督機能を担う監査委員会、報酬委員会および指名委員会であっても、その役割・職務は異なるため、各種委員会の構成要件および構成員の満たすべき要件を当該委員会の担う役割に応じて個別に設定するのが望ましい。例えば、監査委員会および報酬委員会に関する米国の一連の制度改正においては、共通して、独立した立場から委員としての義務を果たす能力を損ないうる報酬要素や関連性要素といった利益相反の要素への考慮が強調されており、関連性要素の1つとして、発行会社における株式または支配権の保有が挙げられている。しかし、取締役の発行会社における株式または支配権の保有が当該取締役の委員会構成員としての独立性を阻害するかは、委員会によって異なりうる。監査委員会に関しては、その主たる役割・職務は外部監査人の独立性の審査および会計・財務報告プロセスの監視を通じて正確な財務書類の作成・開示を担保する点にあり[52]、会社の内部情報にアクセスできる大株主とそうでない株主との間で、不正確な財務書類の作成・開示による影響が異なりうるため、発行会社における株式または支配権の保有は監査委員の有すべき独立性を損なう可能性がないといいきれない[53]。これに対し、報酬委員会は

---

(51)　このような理由から、連邦法において取締役会における監査委員会の設置を義務付けたサーベンス・オクスレー法を批判したものとして、Roberta Romano, *The Sarbanes-Oxley Act and the Making of Quack Corporate Governance*, 114 Yale L. J. 1521, 1587-89（2005）、BAINBRIDGE, *supra* note 9, at 142-143等がある。
(52)　アイゼンバーグ（船津訳）・前掲注(48) 41頁参照。
(53)　SECは次のように、監査委員の発行会社またはその子会社における株式または支配権

経営者報酬の客観性・妥当性の確保を目的としており[54]、この点に関しては株式の保有数・保有割合に関わらず、株主間の利益相反が生じにくいと考えられるため、発行会社における株式または支配権の保有は、経営者に独立した立場から報酬委員としての義務を果たす能力を損なわないとされている[55]。

Ⅲ　取締役会における委員会設置の経済的意義

　以上のように、米国では、取締役会の経営監督機能の実効性および効率性の改善を目的として、取締役会における委員会設置の実務慣行が形成され、その後、この目的を強化するために、連邦法、SEC規則および主要な証券取引所の上場規程において各種委員会が定められるようになった。委員会の設置が取締役会の経営監督機能の実効性および効率性に寄与するという前提において、実務および法規制が生成し、発展してきたといえる。前提たるこの命題が真であれば、委員会の設置により取締役会における意思決定の質が向上され、これは最終的に企業業績ないし企業価値の増加につながると考えられる。近年、米国の上場会社を研究の対象として、取締役会における委員会の設置が実際に、取締役会の機能および企業価値に如何なる影響をもたらしてきたかを検証する実証研究が増加しており、かかる命題の真偽も解明されつつある。以下では、取締役会における委員会設置の経済的意義、すなわち取締役会構成員の一部のみを構成員とする委員会の設置が取締役会の有効性および効率性に与えうる影

の保有をその独立性に関連付けている。Rule10A-3(b)(1)(ⅱ)は監査委員の満たすべき独立性の基準として、コンサルティング料等の報酬の受領の禁止とともに発行会社・子会社の関係者でないことを求める。ここにいう「関係者」はRule10A-3(e)(1)(ⅰ)において定義されており、直接的または間接的に、特定の者を支配しまたは特定の者に支配され、もしくは特定の者と共通の支配下にある者を意味する。「関係者」にあたるか否かは関係する事実と状況を総合的に考慮して判断されるが、Rule10A-3(e)(1)(ⅱ)はセーフハーバー・ルールとして、執行役員ではなく、かつ議決権付持分証券の10％以上の直接的または間接的な受益的所有者でない者が支配者とみなされないとする。石田編著・前掲注(13)130～132頁〔釜田〕参照。

(54)　独立取締役からなる報酬委員会の設置が求められる理由は、（同僚意識等に由来する）利益相反の懸念により社内取締役がCEO等経営者の報酬を客観的に評価し、決定することが困難であると考えられるからである。See BAINBRIDGE, *supra* note 9, at 163.

(55)　*See* SEC, *supra* note 17, at 24; SEC, *supra* note 28, at 43.

響に関する実証研究の結果を踏まえて、理論的に、如何なる場合に委員会の設置が経済的合理性を有するかについて、若干の検討を加えたい。

1　既存の実証研究

(1) Klein (1998)[56]

同研究は、1992年から1993年までの期間におけるS&P500構成銘柄の会社（合計971企業・年度、会社の重複および欠測データを除けば合計461社）がSECに対して提出した委任状説明書等から収集したデータを用いて、モニタリング機能を果たす監査委員会および報酬委員会（audit committee, compensation committee）と長期的な経営戦略を決定する機能を果たす投資委員会（investment committee）および財務委員会（finance committee）における社外取締役および社内取締役の比率が、企業業績（ROA, Jensen Productivity & 1-year raw market return）に与える影響を調査した。

回帰分析（OLS）の結果、投資委員会および財務委員会における社内取締役の比率は企業業績との間に有意（有意水準10％）かつ正の相関関係があることに加えて、監査委員会および報酬委員会における社外取締役の比率は企業業績との間に有意な関連性がみられないことを示した[57]。また、各委員会における社内取締役または社外取締役の比率の増減に対する株式市場の反応（the cumulative average residuals/CARs in 3-day window around the proxy mailing date）を調査したところ、投資委員会および財務委員会における社内取締役の比率の増加と報酬委員会における社外取締役の比率の増加に対して、株式市場はポジティブに反応していることを指摘した[58]。

これらの結果から得られた主な示唆は、長期的な経営戦略を決定する機能を有する委員会に社内取締役を多く配置する場合、株式市場がこれを当該会社の企業価値に関するポジティブな情報として受け止めており、（当時）ビジネスラウンドテーブルやアメリカ法律協会等各種団体からの圧力を受けて、米国の

---

(56)　April Klein, Firm Performance and Board Committee Structure, 41 J. L. & ECON. 275 (1998).
(57)　Id. at 293-296.
(58)　Id. at 296-300.

上場会社において社内取締役の代わりに株式を僅かしかまたはまったく保有していない社外取締役が選任されるという傾向は必ずしも望ましいとはいえないということである[59]。

(2) Reed & Upadhyay（2010）[60]

同研究は、2000年から2003年までの期間におけるS&P1500構成銘柄の会社（公共事業および金融業の会社を除く）を対象として、ISS（Institutional Shareholder Service）が提供した分および対象会社がSECに提出した委任状説明書から独自に収集した分、あわせて3,335企業・年度のデータを用いて、取締役会に設けられた委員会の数と会社および取締役会の特性との関連性、ならびに委員会の数と企業業績（Tobin's Q）との関連性を調査したものである。

調査の結果、①委員会の数は、取締役会の規模および社外取締役の比率との間に有意の正の相関関係を有すること[61]、②各社が利用している委員会をモニタリング委員会とアドバイザリー委員会の2種類[62]に分けて、それぞれの種類の委員会の数と取締役会の規模および社外取締役の比率との関連性を調査しても、同様の結果が得られたことを示した。また、③内生性（endogeneity）や逆の因果関係の問題をコントロールしても、取締役会の規模が大きい会社においては、4つ（中位数）以上の委員会を設置した場合は3つ以下の委員会を設

---

(59)　*Id.* at 300-301.
(60)　David Reed & Arun Upadhyay, *Subordinate Board Structures*, 16 J. CORP. FIN. 469 (2010).
(61)　具体的には、取締役の人数がサンプルの平均値（9.056）または中位数(9)を上回る会社はそうでない会社に比べ、取締役会に設置された委員会の数が平均して1.2個多く、社外取締役の比率がサンプルの平均値（78.795％）または中位数（81.818％）を上回る会社はそうでない会社に比べ、取締役会に設置された委員会の数が平均して1.1個多い。これらの違いはいずれも統計的に有意（有意水準1％）である。また、（会社の規模、事業セグメントおよび負債比率を総合して評価した）事業の複雑性および株式保有構造をコントロールしても、有意水準を含め上記の結果は変わらなかった。*Id.* at 470, 474, 477.
(62)　モニタリング委員会はモニタリング機能を担う委員会であり、監査委員会、指名委員会、報酬委員会、コーポレートガバナンス委員会および執行委員会（executive committee）の5つが含まれており、そのうち、監査委員会、報酬委員会および指名委員会またはコーポレートガバナンス委員会はNYSEにより設置を義務付けられたものである。アドバイザリー委員会は、具体的には財務（finance）、投資（investment）、公共問題（public issues）、多様性（diversity）、M&A、倫理（ethics）、環境（environment）、技術諮問（technology advisory）または従業員能力開発（employee development）といった名称の委員会であり、助言機能を担うものと考えられ、いずれも任意に設置される委員会である。*See id.* at 473.

置した場合に比べ、企業業績が有意に高く、取締役会の規模が小さい会社においては逆の結果、すなわち、委員会の数が多いほど、企業業績が低いという傾向がみられ、この傾向はアドバイザリー委員会においてより顕著に見受けられる[63]。

　これらの結果は、取締役の人数が多い、または社外取締役の比率が高い会社はより多くの委員会を設置する傾向があることを示したと同時に、取締役の人数が多い会社においては委員会を設置することが、取締役会の機能を高め、企業業績の増加につながりうることを示唆した。また、同研究は、委員会設置の義務付けは、規模の小さい会社または社内取締役の占める比率が高い会社において、取締役会の有効性や企業価値に対して望ましくない影響を与えるおそれがあることを指摘した[64]。

(3) Faleye, Hoitash & Hoitash (2011)[65]

　同研究は、1998年から2006年までの期間におけるS&P1500構成銘柄のうち、モニタリング委員会（監査委員会、報酬委員会および指名委員会）のうち2つ以上の委員会を設置した会社（公共事業および金融業の会社を除く）を対象として、複数のデータベースから収集した2,051社に関する10,636企業・年度のデータを用いて、独立取締役の半数以上がモニタリング機能を果たす複数の委員会を兼任することが取締役会全体の監督（oversight）機能および助言（advising）機能ならびに企業業績（Tobin's Q）に与える影響を調査した。

　同研究は、次のような理論分析に基づき[66]、仮説を構築し回帰分析を行った。すなわち、半数以上の独立取締役がモニタリング委員会のうち2つ以上の委員を兼任することは、独立取締役の監督業務に費やす時間を増加させるだけではなく、当該会社の運営状況に対する理解を深めることができるため、取締役会全体の監督機能の質の向上につながると考えられる。しかし、これは独立取締役が経営戦略の決定等の業務に関与し、助言機能を果たす機会の減少を意味しており、取締役会全体の助言機能の質の低下をもたらす懸念がある。両者がト

---

(63)　Id. at 470, 477-484.
(64)　Id. at 471.
(65)　Olubunmi Faleye, Rani Hoitash & Udi Hoitash, *The Costs of Intense Board Monitoring*, 101 J. FIN. ECON. 160 (2011).
(66)　Id. at 162-164.

レードオフの関係にあるため、半数以上の独立取締役に複数のモニタリング委員会を兼任させ、取締役会の監督機能を強化することが企業業績や企業価値の増加につながるかは、当該会社において特に必要とされる取締役会の機能の内容に依存すると考えられる。

　回帰分析の結果として、半数以上の独立取締役が2つ以上のモニタリング委員会の委員を兼任する会社では、経営成績の良くないCEOが解任される確率が高く、CEOが過大な報酬を受け取る確率が低いほか、財務報告書における裁量的会計発生高（discretionary accrual）が減少する、すなわち経営者による利益調整行動が少ない傾向があることを示した[67]。これは、大多数の独立取締役のモニタリング委員会における兼任は取締役会全体の監督機能の向上につながることを示唆した。

　しかし、かかる兼任のある会社においては、買収発表に対する株価の反応が比較的悪く、（R&D投資および会社が取得した特許の引用数により評価された）イノベーション活動の量と質が比較的低いとみられるため、大多数の独立取締役のモニタリング委員会における兼任は、取締役会の助言機能にネガティブな影響を与える可能性がある[68]。

　さらに、大多数の独立取締役が2つ以上のモニタリング委員会を兼任することは低い企業業績との間に有意の相関関係がみられ、また、取締役会の助言機能が特に必要とされる（事業セグメントの数、R&D集約度および無形資産の比率を総合して評価される）事業運営の複雑性が高い会社においてはこのような相関関係がさらに強くなるという結果も得られた[69]。

　以上に基づき、同研究は結論として、大多数の独立取締役を（委員会の兼任によって）モニタリング関連の職務に専念させることは取締役会の監督機能を強化する一方、取締役会の助言機能を悪化させるおそれがあること、特に助言機能が重視される取締役会においては助言機能に与えるネガティブな影響が監督機能に与えるポジティブな影響を上回った結果、取締役会ひいては会社全体

---

(67)　*Id.* at 165-170.
(68)　*Id.* at 170-173.
(69)　*Id.* at 173-178.

の運営効率の低減をもたらしうることを指摘した[70]。

(4) Adams, Ragunathan & Tumarkin (2021)[71]

同研究は、委員会の設置が取締役会における情報共有（information-sharing）、意思決定（decision-making）、および企業価値（firm value）に与える影響に注目し、2つのデータベース（BoardExおよびInstitutional Shareholder Services/ISS）および各会社の委任状説明書から収集した1996年から2010年までの期間における31,821企業・年度のデータを用いて、社外取締役のみから構成される委員会の会議が取締役会全体の会議に占める割合（meeting-based outsider-only fraction/meeting-based OOF）および社外取締役のみから構成される委員会へ委譲した公的権限（formal authority）が取締役会の権限に占める割合（LDA-based Outsider-Only Fraction/LDA-based OOF）[72]と、①（社内および社外）取締役の自社株取引に対する株式市場の反応、②買収発表に対する株価の反応、ならびに③企業価値（Tobin's Q）との関連性を調査した。

結果として、meeting-based OOFが高いほど、社内取締役による自社株取得が公表された付近における株価反応（SECに報告した取引日から起算して2取引日のcumulative abnormal return/CAR）は有意（有意水準5％）に大きいとみられる一方、meeting-based OOFと社外取締役による自社株取得の

---

(70) Id. at 162, 180.
(71) Adams et al., *supra* note 49.
(72) meeting-based OOFは、自然言語処理および機械学習の手法（natural language processing and machine learning techniques）を用いて、委任状説明書における単語間の主要な文法関係を利用して、各年度の取締役会および各種委員会の開催回数に関する情報を抽出して、社外取締役のみから構成される委員会の会議が取締役会全体の会議に占める割合を計算して得られた変数である。これに対し、LDA-based OOFは、テキストベースのトピックモデルである潜在的ディリクレ配分法（Latent Dirichlet Allocation/LDA）を用いて、委任状説明書に現れる情報収集および意思決定権限に関する9つのトピック（the awarding of stock and option grants, the review of independent auditor reports, the determination of stock option awards terms, the identification of director candidates, the pre-approval of independent auditor services, strategies to maximize firm value, the development and review of corporate governance practices, the appointment of independent auditors, and the recommendation of independent auditor reports）を特定して、社外取締役のみから構成される委員会へ委譲した公的権限が取締役会の有する公的権限の全体に占める比重を計算して得られた数値である。Id. at 1124-27.
　なお、前者のmeeting-based OOFは社外取締役のみから構成される委員会の開催頻度（活動量）、後者のLDA-based OOFは社外取締役のみから構成される委員会へ委譲した公的権限の程度をそれぞれ測定する。

公表時における株価反応とは統計的に有意な関係がないことを示した[73]。また、meeting-based OOFが高いほど、買収発表時における株価反応（発表日とその前後の2取引日合計5取引日のcumulative abnormal return/CAR）は統計的に有意に小さく、企業価値の代理変数であるTobin's Qも有意に小さい（有意水準はいずれも1％）こと、LDA-based OOFとTobin's Qとの間には統計的に有意な負の相関関係がある（有意水準は5％）ことも指摘された[74]。

このような結果は、社外取締役のみから構成される委員会の重視やかかる委員会への公的権限の委譲は社内取締役から社外取締役への内部情報の提供を阻害する可能性があり、取締役会全体の（買収等重要な）意思決定機能および企業価値の最大化にネガティブな影響を与えうることを示唆した。

(5) Carter, Lynch & Martin（2022）[75]

同研究は、ISS Incentive Lab database等から収集した2006年から2016年までの期間における1,104社に関する7,855企業・年度のデータを用いて、モニタリング機能を果たす監査委員会と報酬委員会における構成員の兼任がコーポレートガバナンスに与える影響を調査したものである。結論として、監査委員が報酬委員を兼任している場合には、報酬委員会が監査コスト（の削減）を考慮して、経営者のインセンティブ報酬プランを採用すると考えられることを指摘した。その理由は、次のように説明されている[76]。

経営者のインセンティブ報酬に利益ベースの業績指標が使用された場合には、経営者に利益ベースの業績を高めるインセンティブがある一方、利益を操作する動機もあるから、監査委員会は効果的な監査を実施するために、利益操作リスクに対応して会社の財務報告の信頼性を監査する必要があり、それに伴う監査コストを負担することになる。監査委員が報酬委員を兼任していない場合には、報酬委員会が利益ベースの業績指標を経営者のインセンティブ報酬に用いても、それによって増加した経営者の利益操作リスクに対応するための監査コストが（報酬委員会にとっては外部にある）監査委員会によって負担されるた

---

(73) Id. at 1136-39.
(74) Id. at 1139-43.
(75) Mary Ellen Carter, Luann J. Lynch & Melissa A. Martin, *Board Committee Overlap and the Use of Earnings in CEO Compensation Contracts*, 68 MANAG. SCI. 6268 (2022).
(76) Id. at 6270-71, 6287-89.

め、利益ベースの業績指標の利用をためらうことはないと考えられる。他方、監査委員が報酬委員を兼任する場合には、利益ベースの業績指標の利用に伴い増加した監査コストが監査委員を兼任している報酬委員も負担することになるため、監査委員を兼任している報酬委員は利益ベースの業績指標の利用をためらうかもしれない。

(6) Kolev et al. (2019)'s review[77]

　同研究は、コモンローに属する4カ国（米国、イギリス、カナダおよびオーストラリア）の上場会社の取締役会実務において最も一般的に用いられている3委員会（監査委員会、報酬委員会および指名委員会）を対象とした定量的実証研究をレビューしたものである。同研究の目的は主として、①取締役会における委員会の設置および委員会の構成の決定要因（antecedents of board committees）と、②委員会の設置や独立性等による（企業業績・企業価値、経営者報酬、経営者の不正行為等への）影響（outcomes of board committees）の2点について、既存の研究から得られる主な示唆を整理・評価する点にある。レビューの対象は2018年まで会計、ファイナンスおよび経営の3分野のリーディングジャーナルで公表された142件の定量的実証研究である[78]。同研究は結論として次のようなことを指摘する。

　まず、取締役会における委員会の設置および委員会の構成を決定する要因[79]については、米国ではサーベンス・オクスレー法による影響が大きいと指摘する。例えば、1998年から2005年までの期間では、米国の主要な証券取引所の上場会社の取締役会に設置された監査委員会、報酬委員および指名委員会の独立取締役の割合は92％以上へ上昇した[80]。法改正のほかに、上場会社をめぐる

---

(77) Kalin D. Kolev, David B. Wangrow, Vincent L. Barker Ⅲ & Donald J. Schepker, *Board Committees in Corporate Governance: A Cross-Disciplinary Review and Agenda for the Future*, 56 J. MGMT. STUD. 1138 (2019).
(78) *Id.* at 1140-44.
(79) なお、前述の通り、米国ではサーベンス・オクスレー法およびそれを受けた主要な証券取引所の規則改正により、2003年以降、主要な証券取引所に上場している会社のほとんどは独立社外取締役からなる3つの委員会すなわち監査委員会、報酬委員および指名委員会またはコーポレートガバナンス委員会を設置するようになった。そのため、米国上場会社の取締役会における委員会に関する実証研究は、特に後者の委員会の構成を決定する要因の分析に重点をおいている。
(80) Kolev et al., *supra* note 77, at 1145.

主要な利害関係者、特に機関投資家からの圧力も、取締役会に設置される委員会の独立性が高まる要因であるとされる。具体的には、会社を被告とするクラス・アクションにおいて機関投資家がリード・プラインティフ（lead plaintiff）を務める場合には、訴訟提起されてから2年後に監査委員会における独立取締役の割合が4％以上上昇したと指摘する研究[81]がある。また、複数の研究は、企業不祥事の発生が監査委員会を務める取締役の解任・交代につながることを指摘してきた[82]。加えて、取締役会全体の構成（社外取締役の割合、他会社の取締役の兼任または男女構成等）や（取締役会に対する）CEOの影響力もモニタリング機能を果たす3委員会のメンバー構成に影響を与えるとされる[83]。

次に、委員会に高い独立性を求める意義については、監査委員会の独立性と企業業績・企業価値との正の相関が（少数の例外を除き）多数の研究において指摘されたのに対し、報酬委員会や指名委員会の独立性が企業業績・企業価値に寄与するかについては既存の研究では統一した結論が得られていない[84]。また、報酬委員会の経営者報酬に与える影響については、報酬委員会の構成員による株式保有がCEOの報酬額と負の相関関係を有することや、報酬委員会の独立性がCEOの報酬に与える影響は明確でないことを指摘する[85]。加えて、経営者の不正行為や会社の不正会計等に与える影響について、既存の研究を概観する限りでは、監査委員会の独立性および（ファイナンス、会計または法律に関する）専門性が不正・違法行為を抑止する効果を有すると指摘できるとする[86]。

2 理論分析

(1) 集団意思決定の主体としての取締役会の優越性

国・法域を問わず、現代の会社法が公開会社に対して取締役会の設置を求めており、これはとりわけ公開会社において取締役会の法的機能（主として経営

---

(81) *Id.*
(82) *Id.* at 1145, 1150.
(83) *Id.* at 1150-51.
(84) *Id.* at 1152.
(85) *Id.* at 1152-53.
(86) *Id.* at 1154-56.

者・業務執行者に対する助言機能と監督機能)[87]が個人ではなく複数人から構成される集団(group)によって担われることに経済的合理性があることを暗黙の前提としている。個々の取締役に比べ、取締役会が集団意思決定の主体として有する優越性は、次のように説明できる[88]。

　一定規模以上の株式会社のヒエラルヒーの頂点にある取締役会がその助言機能または監督機能を果たすには、複雑かつ不確実な状況において、多様かつ大量の情報を収集・処理したうえで合理的な判断を行わなければならない。個々の取締役はその有する情報収集能力および情報処理能力が限定されていることから、これを十分に担うことが困難である。株式会社では、個々の取締役にある情報収集・処理能力の限界の問題を克服するための方法として、複数の取締役からなる取締役会による集団意思決定が用いられていると考えられる。すなわち、取締役会はその構成員である個々の取締役の有する多様な情報・知識および能力・スキルを統合して、意思決定のプロセスへインプットすることにより、個々の取締役の情報収集・処理能力の限界がそのアウトプットである意思決定にもたらしうる悪影響を抑制するための制度的メカニズムである[89]と考えられる。

　この仮説は実際に、心理学または行動経済学の実験結果にも支持される。心理学の実験によれば、複数人からなる集団はその構成員の相互作用により、個々の構成員のバイアスを修正し、個々の構成員の犯した間違いを探知することができる[90]。これは複数構成員の相互作用によってもたらされるシナジー効果であると理解することができ、取締役会の意思決定が会議体における審議を経て行われることを求める法制度の合理性を裏付ける根拠にもなる[91]。また、行動経済学においてしばしば指摘される個人の過信バイアス(overconfidence)の問題[92]が、集団意思決定プロセスにおける批判的評価や異なる視点の提示に

---

(87) 取締役会の果たす/果たしうる法的・経済的機能の詳細については、拙稿「取締役会の存在意義および構成のあり方—エージェンシー理論および資源依存理論の分析枠組みを用いて—」東京都立大学法学会雑誌64巻1号(2023)169頁以下参照。
(88) 以下の分析はStephen M. Bainbridge, *Why a Board? Group Decisionmaking in Corporate Governance*, 55 VAND. L. REV. 1 (2002)に依拠している。
(89) *Id*. at 21.
(90) *Id*. at 22-25.
(91) *Id*. at 45.
(92) 個人の過信バイアスの問題についてはDANIEL KAHNEMAN, THINKING, FAST

より緩和されるという結果も多くの実験において得られている[93]。株式会社では、「取締役会」という機関は経営に関する個別・具体的な意思決定を行うよりも、経営的意思決定を行う経営者・業務執行者に対して助言を提供し、経営者・業務執行者の決定した事項を事前に承認し、事後的に評価することを主要な職務とする機関であると一般的に解されているところ、経営者・業務執行者の過信バイアスを抑止することは「取締役会」の機能発揮において特に重要である。個々の取締役に比べ、集団意思決定の主体である取締役会にはより効果的に経営者・業務執行者の過信バイアスを抑止できるという点から、公開会社における取締役会の強制設置を正当化することも可能であろう[94]。

以上の通り、複数の取締役から構成される取締役会は、集団意思決定のプロセスを用いるため、少なくとも情報の収集・処理能力およびエラー・バイアス修正能力という2点において個々の取締役より優れているため、取締役個人による意思決定に比べ優越性を有すると考えられる[95]。

(2) 取締役会による集団意思決定における問題点

個人による意思決定に比べ集団意思決定が優れていることを一般化した法則として、いわゆるコンドルセの陪審定理（Condorcet Jury Theorem）[96]がある。経済学や実証主義的政治学において多数決を正当化する規範的根拠としても用いられる[97]この陪審定理によれば、個々の投票者が正しい選択をする確率が50％を上回る場合には、多数決に基づく集団意思決定の正解率が個人の平均正解率を上回り、かつ、決定集団の規模が大きくなるにつれて決定の正解率は100％に近づく方向へ上昇する[98]。もっとも、この定理が成立する前提条件と

AND SLOW (2011), Part Ⅲ参照。
(93) Bainbridge, *supra* note 88, at 30.
(94) *See Id.* at 30.
(95) もっとも、この優越性は取締役会のみならず、審議を経て意思決定を行うすべての集団 (deliberating group) に期待できるとされる。Cass R. Sunstein, *Group Judgments: Statistical Means, Deliberation, and Information Markets*, 80 N. Y. U. L. REV. 962, 979-980 (2005).
(96) コンドルセの陪審定理の概説的な説明について、Kerstin Gerling, Hans Peter Gruner, Alexandra Kiel & Elisabeth Schulte, *Information Acquisition and Decision Making in Committees: A Survey*, 21 EUR. J. POLIT. ECON. 563, 568-569 (2005)参照。
(97) 坂井豊貴「陪審定理と多数決の正当性」経済研究67巻2号(2016)129頁以下参照。
(98) コンドルセの陪審定理が成立する簡単な例として、例えば、ある二択問題に対して個々の回答者が正解を選ぶ確率が70％であるとすれば、3人からなる集団の多数決により

して[99]、①少なくとも構成員の大多数は間違った選択よりも正しい選択をする確率が高く（＞50％）、かつ個々の構成員が正しい選択をする確率は他の構成員による影響を受けず、集団全体として（正しい選択よりも）間違った選択をするバイアスもないこと[100]、②各構成員の情報収集コストがゼロであること、③構成員が情報交換を行わずに、独自に保有する私的情報のみに基づき選択を行うことが求められる。

　しかし、株式会社の取締役会における意思決定に当てはめると、これらの前提条件はいずれも満たされない可能性がある。取締役会の意思決定は通常、構成員間の情報共有や意見交換を経て多数決により行われる。このプロセスにおいて個々の取締役は自らの判断に関わらず、権威または影響力のある取締役の意見に従う傾向があり、多数の意見に対して異を唱えることに躊躇することが多いと考えられる。そのため、ほとんどの場面では、前述した陪審定理の前提条件①および③が満たされない。取締役会の意思決定は、集団意思決定においてみられるいわゆる集団浅慮（groupthink）およびハーディング行動（herding behavior）の問題により、個々の取締役または経営者・業務執行者のエラー・バイアスを修正することができず、個人による意思決定より優れた意思決定とならない可能性がある。加えて、個々の取締役は取締役会の意思決定に参加するにあたって、必要な情報収集を行う必要があるが、前述した陪審定理の前提条件②に反して、かかる情報収集は通常、多少のコストを伴うものである。これは情報収集のフリーライドの問題をもたらし、集団意思決定に期待される情

　　　答えを選択させた場合には、正解率が78.4％（①全員が正解を選ぶ確率〔0.7 × 0.7 × 0.7〕＋②任意の2人が正解を選ぶ確率〔0.3 × 0.7 × 0.7＋0.7 × 0.3 × 0.7＋0.7 × 0.7 × 0.3〕）であり、個人の平均正解率（70％）を上回り、また決定集団の人数の増加に伴い、集団意思決定の正解率はさらに上昇する。See William P. Bottom, Krishna Ladha & Gary J. Miller, *Propagation of Individual Bias Through Group Judgment: Error in the Treatment of Asymmetrically Informative Signals*, 25 J. RISK & UNCERTAINTY 147, 153 (2002).
(99)　See Sunstein, *supra* note 95, at 972-974, Gerling et al., *supra* note 96, at 564.
(100)　この前提を次のような簡単な設例により確認することができる。仮にある意思決定集団の構成員3人のうち2人の正解率が51％、残りの1人の正解率が50％（すなわちランダム）であるとしても、多数決に基づく集団意思決定の正解率は51％であり、個々の構成員の正解率の単純平均（50.7％）を上回る。しかし、仮に構成員3人の正解率がいずれも49％、すなわち集団全体として正しい選択よりも間違った選択をするバイアスがある場合には、多数決の正解率は48.5％であって、個々の構成員の正解率を下回る。

報の収集・処理能力の向上の効果が得られないという結果につながりうる。以下では、取締役会による集団意思決定に発生しうるこれらの問題点について、若干の検討を行う。

(a) 集団浅慮の問題

　集団意思決定特有の認知的バイアスとして、いわゆる集団浅慮の問題が指摘されている。集団浅慮とは、凝集性の高い集団内において発生する社会的圧力により、構成員が全員一致を求める傾向にあるため、他のとりうる選択を無視してしまい、批判的思考ができないという問題である[101]。その兆候として、構成員のほとんどまたは全員が当該集団の下した判断の有効性と正当性を過大に評価することや、構成員が集団内における明らかな合意や多数派の意見から逸脱しないよう疑問や反対意見の重要性を自身の中で極小化し、いわば自己検閲を行うこと、または集団内のステレオタイプに対して強い異論を表明する構成員には同調の圧力がかかること等が挙げられる[102]。集団浅慮の問題が発生した場合には、集団意思決定は、集団内の合意や多数意見以外にありうる選択肢について十分な調査検討をせず、集団内の合意や多数意見に基づく選択に潜んでいるリスクの検証や一回否定された選択肢の再吟味を怠り、十分な情報収集を行うこともなく、手元にある情報だけで決定を行い、また状況に即応して計画を修正しないといった失敗を犯してしまう[103]。

　株式会社の取締役会はその法的機能を果たすために、構成員が共通の目標を共有し、十分な情報交換を行ったうえで、個々の取締役の有する異なる考え方に基づいて一定のコンセンサスに達することが求められるため、集団浅慮の問題が発生しやすい集団であると考えられる。集団浅慮は集団内における行為規範・モラルの形成を促進するという点に着目すれば、取締役会の機能特に（一定の行為規範・モラルからの逸脱を是正する）監督機能に寄与しうるものの、

---

(101) アーヴィング・L・ジャニス（細江達郎訳）『集団浅慮—政策決定と大失敗の心理学的研究』（新曜社、2022）13〜16頁。原著はIRVING L. JANIS, GROUPTHINK (2d ed. 1982)。なお、集団浅慮に関するその後研究のレビューとして、James K. Esser, *Alive and Well after 25 Years: A Review of Groupthink Research*, 73 ORGAN. BEHAV. HUM. DECIS. PROCESS. 116 (1998).
(102) ジャニス（細江訳）・前掲注(101) 288〜289頁。
(103) ジャニス（細江訳）・前掲注(101) 290頁。

多数意見や他の構成員に同調することは代替の選択肢を考慮しない、批判的な視点を持てない、あるいは（偏った）選択的な情報収集しかできないといった結果をもたらし、取締役会の意思決定の質の低下につながる可能性もある[104]。

(b) ハーディング行動

　集団意思決定に期待される情報の収集・処理能力の向上およびエラー・バイアス修正の効果は、いわゆるハーディング行動の発生により妨げられるとされる。ハーディング行動とは、個人が集団と同じ行動を取ろうとする群集心理により他人に同調して行動に追随することをいい、その発生要因にはネットワークの外部性を得ようとする動機や他人との関係においてよいレピュテーションを維持する目的等が含まれる[105]。しかし、ハーディング行動は他人の行動およびその結果を観察することにより有益な情報を入手し、合理的な学習効果として発生する場合もあれば、自らの持っている情報を無視して他人の（非合理な）行動を模倣するといった非合理的な場合もある[106]。後者の非合理的なハーディング行動は、情報カスケード（informational cascade）とよばれる情報共有の連鎖が生じたとき、特に高い確率で発生するとされる。情報カスケードが生じた場合には、個人が自ら保有している私的情報の価値を考慮せずに、もっぱら他人が発した情報に基づき他人の行動を模倣して行動するため、かかる情報共有の連鎖では、模倣者は他人の判断にとって有益な情報を提供しないため、集団内の情報共有に期待される情報の蓄積の効果が得られないばかりか、模倣の対象となる者のエラーやバイアスが他者の模倣により増幅されるおそれさえある[107]。

　取締役会における意思決定では、個々の構成員が情報交換を行ったうえで判断を行うため、個々の構成員の判断は互いに独立するものではなく、他の構成員特に先に意見を表明した構成員または集団内における権威者の意見や判断に

---

(104)　Bainbridge, *supra* note 88, at 32.
(105)　*See* David Hirshleifer & Siew Hong Teoh, *Herd Behaviour and Cascading in Capital Markets: A Review and Synthesis*, 9 EUR. FINANC. MANAG. 25, 27-29 (2003). なお、会社経営者がその合理性の有無に関わらず、他の多くの経営者が下した判断に追随したり、保守的な投資活動しか行わなかったりすることは、後者のレピュテーション維持の目的によるハーディング行動として理解することができる。*Id.* at 41-43.
(106)　*See Id.* at 28-29.
(107)　*Id.* at 29.

よる影響を受けて形成される。そのため、取締役会の意思決定では前述したハーディング行動や情報カスケードの問題が発生する可能性がある。その結果、個々の取締役の有する私的情報が十分に活用されないばかりか、一部の取締役（例えば、影響力のある社内取締役）のエラー・バイアスが他の取締役による同調または追随により増幅されるおそれがあるため、取締役会の意思決定は集団意思決定に期待されるより高い情報収集・処理能力およびエラー・バイアス修正能力を発揮できず、個々の取締役が自ら有している私的情報に基づき単独で行った判断よりも劣る可能性さえある[108]。

（c）情報収集・情報提供のフリーライド問題

集団意思決定には、集団浅慮およびハーディング行動の問題に加えて、情報収集のコストがゼロでない場合には、情報収集・情報提供のフリーライドの問題が生じることも指摘されている[109]。集団意思決定においては、個々の構成員より提供された情報が集団内で共有、集約されて集団全体の意思決定の形成に寄与するため、当該集団においては一種の公共財（a public good）のような存在であり、過小提供の傾向にあると考えられる。また、意思決定集団の構成員の人数が増加するにつれて、個々の構成員により提供される情報が集団全体の意思決定に寄与する程度、影響力が減少するから、構成員の情報収集のインセンティブは減少すると考えられる。そのため、意思決定集団の人数の増加は構成員全員から提供しうる情報量の増加に寄与する一方、個々の構成員の情報収集ないし情報提供のインセンティブの減少をもたらす懸念がある。集団意思決定の情報収集・処理能力の最大化の観点からすると、意思決定集団の最適な人数は無限大ではなく、トレードオフの関係にあるこの2つの効果の相互作用に

---

(108) 企業収益を予測するためのクラウドソーシング型のプラットフォームestimate.comにおける実験を通じて、他の参加者（アナリスト）の予測に関する公開情報（public information）を参照することが参加者全体の判断の正確性に与える影響を実証的に検証した研究として、Zhi Da & Xing Huang, *Harnessing the Wisdom of Crowds*, 66 MANAG. SCI. 1847（2019）がある。同研究は、公開情報の参照が参加者全体の判断結果を集約した「コンセンサス予測（consensus forecast）」の正確性を下げる効果をもたらし、ハーディング行為は集団意思決定の質の低下につながることを指摘した。また、民主主義の意思決定におけるハーディング行動の問題に対する分析として、Sunstein, *supra* note 95, at 999-1004。

(109) 以下の分析はGerling et al., *supra* note 96, at 573-574に基づく。

より相対的に決定されると考えられる。

　これを取締役会に当てはめると、特に複雑な事業を擁する大規模の会社では、取締役会の機能を十分に果たすには、多様な情報の収集、専門知識の集約およびその共有が必要であるため、一定人数以上の取締役の選任が必要となる。しかし、取締役の人数の増加に伴い、情報収集・情報提供のフリーライドの問題は生じやすくなり、取締役会の意思決定に必要となる最適な量と質の情報が提供されない可能性がある。特に人数の多い取締役会では、集団意思決定に期待される（個人の意思決定より優れた）情報の収集・処理能力が得られない可能性がある。

3　検討

(1) 既存の実証研究から得られた示唆

　既存の実証研究からは次のことが明らかにされてきた。まず、社外取締役・独立取締役のみから構成される委員会または経営者からの独立性の高い委員会の設置は、必ず企業業績や企業価値の向上につながるとはかぎらない。一口に委員会といっても、主として監視・監督機能を果たす（法定の）委員会と、経営戦略の決定等助言機能を果たす（任意の）委員会とでは、望ましい独立性の程度が異なり、企業業績や企業価値の増加に寄与する構成のあり方も異なりうる。また、同じくモニタリング機能を果たすとされる監査委員会、報酬委員会および指名委員会であっても、その職務内容の特性により、企業業績・企業価値に寄与する望ましい委員会の構成は必ずしも同一ではない。具体的には、内部統制、リスクマネジメントまたは財務報告等の監査を主たる業務とする監査委員会については、業務執行者からの高い独立性が当該委員会の効果的・効率的な職務遂行にとって重要であり、企業業績や企業価値の向上に寄与するとみられるが、CEOをはじめとする経営者の報酬を決定する報酬委員会および個々の取締役の業務の評価や取締役候補者の指名（推薦）を行う指名委員会については、内部者による関与が有益であることを示唆する研究もあり、これらの委員会の有する高い独立性は必ずしも委員会の効果的・効率的な職務遂行ひいては会社の経営成績や企業価値の向上につながらないようである。

　次に、規模等会社の特性により、取締役会全体の有効性および効率性に寄与

する（委員会設置の有無を含め）望ましい委員会の数は異なりうる。一定以上の規模を有しており、社外取締役の占める割合が高い会社においては、複数の委員会を設置することが有益であるとされるのに対し、規模の小さい会社や社内取締役の割合が高い会社では委員会の設置が取締役会の有効性および効率性にネガティブな影響を与える懸念があると指摘されている。また、複数の委員会が存する取締役会では、委員会間の構成員重複の程度（2つ以上の委員会を兼任する取締役の数・比率）や重複の様態（1人の取締役が兼任する委員会の種類の組合せ）も取締役会全体の有効性および効率性に影響を与えうる。特に外部者である社外取締役に同じくモニタリング機能を果たす監査委員会と報酬委員会を兼任させることは、取締役会全体の監視・監督機能の向上に寄与しうることが複数の研究において指摘されている。

最後に、社外取締役のみから構成される委員会に対する取締役会の公的権限の委譲は、社内取締役の取締役会への情報提供のインセンティブを阻害する可能性があり、取締役会全体の意思決定にネガティブな影響を与える懸念がないわけではない。これは、取締役会の権限の一部を特定の委員会特に社外取締役が主要な構成員となる委員会に専属させる（取締役会の決議によっても委員会の決定が覆せない）ことが取締役間の分断をもたらすおそれがあることを示唆する。

(2) 理論分析から得られた示唆

取締役会が集団意思決定の主体として有する優越性および潜在的な問題点に対する理論分析を踏まえると、一部の取締役のみを構成員とする委員会を設置し、取締役会の権限の一部を委任することは、取締役会における意思決定にポジティブな影響を与えるとともに、一定のコストをもたらすと考えられる。

まず、集団意思決定における集団浅慮の問題を緩和させる方法として、組織内において、構成員が相互に批判的な評価を行うことおよび組織のヒエラルキーの頂点に立つ構成員のバイアスにとらわれずに、多様な視点から可能な選択肢を探索することを促進することに加えて、意思決定の集団と評価の集団を分別することが挙げられる[110]。より具体的には、例えば、意思決定集団を2以上の下位集団に分けて、別の議長のもとで検討したのちに、母集団で意見を統合す

---

(110) ジャニス（細江訳）・前掲注(101) 429〜434頁。

ることは集団全体が一致を求める規範の形成を抑止することができるだけでなく、集団全体の合意に達する前における批判的な検討を促進する効果をもたらしうると考えられる[111]。これは、取締役会の下部組織として各種委員会を設置することは、取締役会の合理的な意思決定を妨げる集団浅慮の問題を緩和できる可能性を示唆する。

　次に、ハーディング行動や情報カスケードの発生を防ぐには、意思決定集団の個々の構成員が他の構成員特に強い影響力のある構成員の意見に左右されずに、自らの有する情報・専門知識を十分に活用して、独立した立場から意見を述べられる環境の整備が特に重要である。理論上、経営者から独立する取締役を主要な構成員とする委員会はかかる環境にあると考えられるから、効果的に経営者のエラー・バイヤスや不正行為等を是正することにより、取締役会の監視・監督機能の改善につながりうる。

　また、大人数の意思決定集団にある情報収集・情報提供のインセンティブの問題は、個々の構成員の権限または（母集団に対する）下位集団の権限を強化する（例えば、母集団の決定により下位集団の決定を変更することができないとする）ことにより緩和できるとされる[112]。なぜなら、構成員または下位集団の権限の強化は当該構成員または下位集団が提供する情報の有する（集団全体の意思決定における）影響力を高めることができ、個々の構成員による情報収集・情報提供を促進する効果があると考えられるからである。取締役会のもとで設置される少人数の取締役から構成され、かつ特定の事項について強い権限を有する委員会は、取締役会における情報収集・情報提供のフリーライドの問題を緩和し、意思決定の質の向上に寄与しうる。

　しかし、取締役会における委員会の設置は同時に、次のようなコストをもたらすと考えられる。まず、特定の事項の決定権限を一部の取締役のみからなる委員会に委譲した結果、特定の事項に関する情報が一部の取締役に集中し、取締役間の情報の非対称性の問題が生じるおそれがある[113]。特に、取締役会の権限の一部を特定の委員会に専属させることは、当該委員会に属さない取締役

---

(111)　ジャニス（細江訳）・前掲注(101) 435～437頁。
(112)　Gerling et al., *supra* note 96, at 577-578.
(113)　Reed & Upadhyay, *supra* note 60, at 472.

から当該権限を剥奪することをも意味しており、他の取締役の情報提供インセンティブないし取締役会全体のコミュニケーションを害する可能性がある。また、委員である取締役は当該委員会に指定された特定の職務に注力する反面、取締役会全体の職務や有効性に関心を持たなくなる可能性があり、その結果、一部の取締役は自らの知識・経験や専門性に関連する取締役会の職務に対しても、担当の委員会の職務でないという理由により、関与を控えることが考えられる[114]。そのため、委員会の設置は取締役会全体における情報の収集や専門知識の集約を妨げ、全体の意思決定の質の向上につながらないことも考えられる。

したがって、取締役会に委員会を設置すべきかについては、理論的に、異なる属性の取締役間の情報共有や職務・権限調整がどの程度容易に行えるかに依存すると考えられる。取締役間の情報共有等が比較的容易に行うことができ、取締役間（特に社内取締役と社外取締役と）の分断が生じにくい会社では、委員会を用いることによるベネフィットがそれに伴うコストを上回り、取締役会の有効性・効率性ひいては企業価値の増加につながると考えられる一方、そうでない会社では取締役会に委員会を設置することが必ずしも望ましくない。また、望ましい委員会の構成および取締役会と各種委員会間の権限の分配は、各委員会の職務・権限の履行に必要となる当該会社に関する非公開情報の量を考慮して決定されるべきであると考えられる。

Ⅳ　おわりに

以上の検討から、以下の結論が得られた。

まず、取締役会における委員会設置の法的意義については、1970年代から2000年代初頭にかけて形成してきた米国の委員会設置制度の目的は上場会社における取締役会の監督機能の実効性および効率性の改善にあり、その制度内容には抽象的な合理性・合目的性が認められるといえる。もっとも、米国の委員会設置制度は米国の上場会社における実務慣行を追認したものであり、独立取締役を主な構成員とする各種委員会の利用は、取締役会の監督機能を強化す

---

[114]　Id.

るための必然的な選択とはいえない。次に、取締役会における委員会設置の経済的意義については、主として米国の上場会社を対象とした実証研究をみるかぎりでは、取締役会における（経営者・業務執行者からの）独立性の高い委員会の設置それ自体は必ずしも企業業績・企業価値の向上につながるとはかぎらず、取締役会の有効性および効率性に寄与する望ましい委員会のあり方（構成員の満たすべき要件や委員会への取締役会権限の委譲等）は会社によって、また個々の委員会の担う職務の内容によって異なるとみられる。加えて、集団意思決定の主体としての取締役会の優越性および潜在的な問題点に対する理論分析からみても、取締役会の下部組織として、少人数の取締役から構成され、より高い独立性および適切な権限を有する委員会を設置することは、集団意思決定における集団浅慮、ハーディング行動や情報カスケードおよび情報収集・情報提供のフリーライドの問題を緩和できると考えられる一方、委員会をまたがる情報共有や職務・権限調整の問題をもたらす懸念があるため、取締役会における委員会設置の経済的合理性は絶対的なものではなく、条件依存的なものである。したがって、取締役会における委員会設置に推認される「普遍的な合理性」は少なくとも現時点では、実証的にも、理論的にも立証されているとはいえない。

　本稿は米国の上場会社における取締役会の委員会設置を中心に、その法的および経済的意義を検討してみた。日本においても委員会型の取締役会制度に関する立法が進んでおり、上場会社では法定の委員会に限らず、任意の委員会を取締役会で活用する実務慣行も形成されつつある。日本の上場会社における委員会設置の実務を適切に評価し、日本企業に適した委員会設置制度のあり方を解明することは、日本型のコーポレートガバナンス制度の形成と確立にとって重要性を増していると思われる。本稿の検討から得られた示唆を踏まえて、日本型の委員会設置制度のあり方を検討することは今後の課題である。

　〔追記：本稿はJSPS科研費18K12684、22K01258による研究成果の一部である。〕

第2章
SECによるサイバーセキュリティの専門性を備えた取締役についての開示要求の提案とその撤回
―― 「取締役会の専門性」についての開示規制を考える
　　一助として

野　田　　　博

1　はじめに

　ESG（環境・社会・企業統治）要素が重視される潮流のなか、取締役会メンバーにESGの専門性を備えた取締役を加える動きがみられる[1]。そのような動きをもたらす要因の1つになっていると指摘されるのが強行的な開示規制であり、その1例として、米国では、SECがサイバーセキュリティの専門性を備えた取締役（以下「サイバーセキュリティ専門取締役」ということがある）を特定することを求める規定新設の提案を行い[2]、その後その提案は撤回されたが[3]、その提案自体によりサイバーセキュリティ専門取締役を選任する事例が増えた事象が挙げられている[4]。

---

(1) たとえば米国について、Yaron Nili & Roy Shapira, *Specialist Directors*, Yale Journal on Regulation（Forthcoming）（manuscript at 11-14, 21.）
　〈https://aarn.com/abstract=4648018〉参照（本論文では雑誌掲載前のものを参照したが、その後上記雑誌41巻2号〔2024年〕652～716頁に掲載されている）。近年、多くの会社がESGについての開示において専門性を強調する傾向がみられるだけでなく、ESGに関連した専門性を備えた取締役の増加がみられることをデータで示している。
(2) SEC, *Cybersecurity Risk Management, Strategy, Governance, and Incident Disclosure*, Release No. 33-11038（Mar. 9, 2022）．〈https://www.sec.gov/news/press-release/2022-39〉
(3) SEC, *Final Rule : Cybersecurity Risk Management, Strategy, Governance, and Incident Disclosure*, Release No. 33-11216; 34-97989（2023）, 81-85.
　〈https://www.sec.gov/rules/2022/03/cybersecurity-risk-management-strategy-governance-and-incident-disclosure〉
(4) Nili & Shapira, *supra* note 1, at 12-13. 提案自体が会社の実際の決定（何を開示するか、および取締役会の構成をどうするか）に影響したことにつき、*Id.* at 12（fn 65）．なお、強

上記のSECによる開示についての改正提案は、より具体的には、登録企業に対し、その取締役会メンバーのなかに、サイバーセキュリティの技量と経験を有する者が存在しているなら、それはどの者かを特定することを求める内容の規制であった（Regulation S-KにItem 407（j）を追加する提案）。その提案に対しては、かなりの数のコメントが寄せられ、上記のように最終的には取り下げられた。本論文は、その開示の提案に対して賛否両方の立場からどのような意見が寄せられ、SECはどのような点を重視して撤回という判断に至ったのかの概略を示すとともに、それらを出発点に若干の検討を行うことを目的とするものである。そのような検討の問題関心は、以下のとおりである。すなわち、今後、「取締役会の専門性」[5]についての開示規制は増加すると考えられ、また、そのような開示規制はESG関連の専門性を備えた取締役の選任を促す効果—それは、取締役会の構成に影響を与える—を持ちうるが、そのことは取締役会の機能にとってプラスになるだけでなく、マイナスの効果をもたらしうることにも着眼する必要性があることを示唆する研究がみられるようになっており[6]、そのような議論状況に照らすと、サイバーセキュリティ専門取締役の開示をめぐってどのような意見が寄せられ、SECがどのような点を重視して、提案取り下げに至ったのかを確認しておくことは、サイバーセキュリティの文脈に限らず、取締役会の「専門性」についての開示規制を考えるうえで参考になる点が少なくないと期待できることである。

　ところで、「サイバーセキュリティ」に関する事項は、たとえば「DEI（diversity-equity-inclusion）」や「環境」といった事項に比べると、伝統的に問題にされてきた専門性、すなわち会社事業に結びついた専門性に近いといえ

　　行的な開示規制以外の要因としては、機関投資家からの圧力および会社法上の監視義務をめぐる訴訟が挙げられる。Id. at 12-14.
(5)　取締役会の専門性とは一般に、構成メンバーである個々の取締役が取締役会の会議の席にもたらす知識、技量および経験の機能のことをいう。Id. at 7.
(6)　マイナス面についての考察として、Id. at 29-40. なお、同論文はESG関連の専門性を備えた取締役の追加等を求める圧力に会社はどの程度応え、取締役会のメンバー構成を変更しているか、そのような取締役会における変化は会社の行動をどのように変えるか、そのことは社会の観点から総体的に望ましいか、規制者および裁判官は、取締役会の専門性について何か果たすべき役割はあるか、仮にあるとしてそれはどのようなものかといった問題について、はじめての包括的な分析を試みるものとされ、本論文3(5)で行う検討においても、そこでなされた検討の一部を参照している。

そうである。しかし、サイバーセキュリティに関する事項はサステナビリティに含まれうると位置づけられることは少なくない[7]。そのように捉えられる際の着眼点には、サイバー専門家、安全性専門家またはサステナビリティ専門家といった新たなタイプの専門家たる取締役はいずれも、株主の直接的な利益を超える問題―利用者のプライバシー、消費者の安全、および気候変動等―について経営陣を監視し助言を行うことが期待されているということも挙げられよう。その点で、サイバーセキュリティ専門取締役も、「ESG取締役」または「ESG専門取締役」に含める根拠になるとされるわけである[8]。なお、付言すると、ここでの専門性はあくまで特定の領域についての専門性を指し、その点で、本論文が考察の対象としている専門家取締役は女性やマイノリティの属性を有する取締役とは区別されることになる。

以下では、まず2においてサイバーセキュリティに関する開示規制の改正提案の背景および実現した改正事項について確認し、そののち3では、同改正においてSECが取り下げた改正事項、すなわちRegulation S-KにItem 407（j）を追加する提案について、提案されていた規定内容、取締役会におけるサイバーセキュリティ専門性の開示要求に対して寄せられたコメント、提案を取り下げる理由としてSECがどのようなことを挙げているかを述べたうえで、若干の考察を行う。最後に4においては、結びに代えて、本論文での考察を踏まえ、今後の研究課題としたいと考えている点について言及する。

2　SECによるサイバーセキュリティに関する開示規制の改正提案の背景と実現した事項

(1) SEC改正提案の背景

ここでは、米国SECの説明をもとに、サイバーセキュリティに関する開示

---

[7] 宮田俊＝青山慎一＝蔦大輔「サイバーセキュリティ×ディスクロージャー―金融商品取引法を中心とするサイバーセキュリティ関連の情報開示」NBL1260号（2024）103頁、金融庁「記述情報の開示に関する原則（別添）―サステナビリティ情報の開示について」（2023）等。

[8] とりわけ「ウィンウィンのステークホルダリズム（弱いステークホルダリズム）」、すなわち株主以外の利害関係者の利益に配慮する会社は、長期的なリスクを緩和する等により株主にもより良い長期的結果をもたらすとの考え方の下では、安全性およびサイバーの事項とサステナビリティおよびDEIの事項との区別が崩れるとされる。Nili & Shapira, *supra* note 1, at 7 (fn 26).

規制改正の背景について確認しておきたい[9]。SECは、投資家および他の資本市場参加者が登録企業のサイバーセキュリティに関連した、より適時で、かつ信頼できる情報を必要とするようになっている背景事情として、以下の3点を挙げている。

まず第1に、経済活動の拡大は電子的システムに依存する部分が大きくなっており、それゆえそれらのシステムに対する妨害は登録企業に重大な影響を及ぼす可能性があり、そして大規模な攻撃の場合には、経済全体に影響が及びうることである。

第2に、サイバーセキュリティインシデント[10]が相当拡がってきていることであり、その拡がりをもたらす要素としては、COVID-19によって進んだリモートワークの増加（社内の情報資源に社外からアクセスする機会が増えることに着眼）、情報技術サービスに対する社外のサービスプロバイダへの信頼の増加、ならびにランサムウェア（身代金要求型ウィルス）、盗取されたデータのブラックマーケット、および暗号資産技術に伴いサイバー攻撃による収益化が容易になってきていることが例示されている。

第3に、会社に対するサイバーセキュリティインシデントのコストないし負の結果が増大していることである。そのようなコストには、事業の中断、収益の喪失、身代金払い、復旧費用、影響を受けた当事者に対して責任を負うこと、サイバーセキュリティ対策コスト、資産の喪失、訴訟リスクおよび信用の毀損が挙げられている[11]。

---

(9) 以下で紹介している背景の考察については、SEC, *supra* note 3, at 7-8参照。

(10) サイバーセキュリティインシデントとは、「登録企業の情報システムまたはそこに存在する情報の機密性、首尾一貫性または利用可能性を危険にさらす、登録企業の情報システム上での不正の発生」と定義される（米国法Item 106(a) of Regulation S-K）。宮田ほか・前掲注(7)103頁注3。また、SEC, *supra* note 3, at 71も参照。

(11) 身代金払いについて、たとえばランサムウェアにやられて顧客の個人情報などを大量に窃取されてしまったという場合に、果たして身代金を払って回収すべきなのかという問題がある。北米では、特に2019年以降に多くの被害組織が身代金を払ったとされ（背景事情として、サイバーセキュリティ保険の存在や身代金払いの仲介ビジネスの存在にも留意）、それが世界的なランサム（身代金）の市場を広げてしまったといっても過言ではない状況になってしまったと指摘される。上記問題について、日本では原則的には身代金を払うべきではないとされているが、米国のCIRCIA（Cyber Incident Reporting for Critical Infrastructure Act：重要インフラ向けサイバーインシデント報告法）の施行規則案（2024年3月29日）では、身代金を払うことを前提とした内容—身代金支払い報告（支払ったら

そして、そのような背景事情はその後も継続し、重大なサイバーセキュリティインシデントが企業および産業を超えて生じていることにも触れられている。たとえば脅威アクター（threat actors）による著名企業への攻撃が継続して生じ、しかも成功した例が多く、それらに対しては、アメリカ合衆国国土安全保障省のサイバー安全性審査ボードが多数の審査を行うことになった。また、国家アクター（state actors）による多数の注目を集めた攻撃もあり、最近の地政学的な不安定さはそのような脅威を高めているとされる。

(2) サイバーセキュリティ関連の開示に関し改正が実現した事項

SECは、サイバーセキュリティ関連の開示に関する規則改正を行った（2023年9月5日発効）。上記のように、2022年3月9日にSECが発した改正提案では含まれていたサイバーセキュリティ専門取締役を特定することを求める規定新設の提案は最終的な改正事項からは取り下げられた。ここでは、当該改正において実現した主な事項につき、その概要を確認しておきたい[12]。

まず、年次報告書（Form 10-K/Form 20-F）における開示要求については、Regulation S-KにItem 106が新設され、年次報告書においてサイバーセキュリティに関するリスク管理・戦略、およびガバナンスの開示が求められることになった。

【リスク管理・戦略】サイバーセキュリティの脅威による重大なリスクを評価、特定および管理するためのプロセスがある場合、合理的な投資家がそれを理解できるよう詳細に説明することが求められる。その開示の要素に含まれる事項は、①当該サイバーセキュリティのプロセスが登録企業の全体を通じるリスク

24時間以内に報告）─になっているとされる。以上につき、湯淺墾道ほか「座談会　個人情報保護法からみたサイバーセキュリティ」ジュリ1599号（2024）29〜30頁〔湯淺発言・蔦大輔発言・佐々木隼人発言〕。その他、ランサムウェア攻撃による業務停止期間やランサムウェア被害経験企業の累計被害額等について、トレンドマイクロ株式会社の調査がある。トレンドマイクロ株式会社＝CIO Lounge「サイバー攻撃による法人組織の被害状況調査」（2023年11月1日）
〈https://www.trendmicro.com/ja_jp/about/press-release/2023/pr-20231101-01.html〉。
この調査結果につき、山岡裕明「サイバーリスク・デューデリジェンスの実務とその重要性」NBL1265号（2024）34〜35頁も参照。

(12) 改正内容については、宮田俊ほか・前掲注(7)104〜105頁がその概要を紹介しており、以下の紹介においてもそれに多くを依拠している。なお、最終的な改正内容のほか、各改正提案、寄せられたコメントについては、SEC, *supra note 3*, at 13-71を参照。

管理システムまたは諸プロセスに統合されているか否か、および統合されている場合の統合方法、②登録企業は当該プロセスに評価者、コンサルタント、監査人またはその他の第三者をかかわらせているか、③登録企業は社外のサービスプロバイダの利用に伴うサイバーセキュリティの脅威からの重大なリスクを監視し、かつ特定するプロセスを有しているか、である。

また、以前のサイバーセキュリティインシデントによるものである場合を含め、サイバーセキュリティの脅威によるリスクが事業戦略、業績または財務状態等に重要な影響を与え、もしくは合理的に与える可能性があるか否か、可能性があるとすればそれはどのようにしてかについても開示しなければならない。

【ガバナンス】 取締役会および経営者の役割として、登録企業は次の内容を開示することが求められている。まず、(A) サイバーセキュリティの脅威から生じる登録企業の重大なリスクに対する取締役会による監視であり、その開示の要素に含まれる事項は、①リスクを監視する責任を負う取締役会委員会または下位の委員会の特定、②取締役会または委員会がそのようなリスクについて情報提供を受けるプロセス、である。また、(B) サイバーセキュリティの脅威から生じる登録企業の重大なリスクの評価および管理における経営者の役割であり、その開示の要素に含まれる事項としては、①リスクを評価および管理する責任を負う経営者または委員会の特定、ならびに当該経営者や委員が有する関連する専門知識の詳細、②経営者または委員会がセキュリティインシデントの防止、検出、軽減、是正についての情報提供を受け、監視を行うプロセス、③上記経営者または委員会が、かかるリスクについての情報を取締役会、取締役会委員会または下位の委員会に報告するか否か、が例示されている。

次に、臨時報告書（Form 8-K）における開示要求としては、Form 8-KにItem 1.05が追加され、それにより、登録企業は、重大なセキュリティインシデントが発生した場合、原則として、当該セキュリティインシデントが重大であると判断してから4営業日以内に、①セキュリティインシデントの性質、範囲およびタイミングの重要事項、②登録企業の財務状態および業績等に生じる重大な影響または合理的に生じそうな重大な影響の要旨を臨時報告書を提出して開示することが求められる。

3　取締役会レベルでのサイバーセキュリティ専門性に関する開示要求

（1）提案されていた規定内容

　上述したとおり、Regulation S-KにItem 106が新設された。SECは、2022年の改正提案においてはRegulation S-KにItem 407（j）を新設することも提案していた。それが、本論文1において言及した、登録企業の取締役会メンバーのなかに、サイバーセキュリティの技量と経験を有する者が存在しているなら、それはどの取締役かを特定することを求める内容の規則の提案である（以下、「Item 407（j）提案」ということがある）。提案された規則は、サイバーセキュリティについての技量といっても広範にわたるため、サイバーセキュリティの専門性が何を意味するかの定義はしていなかったが、例示の形で、以前の職務経験、認証およびそれに類するものを考慮すべき基準として示していた。SECはまた、サイバーセキュリティ専門家と特定された取締役についてセーフハーバー規定も併せて設けることを提案していた[13]。それは、サイバーセキュリティ専門家と特定された取締役は、そうでない取締役が負うよりも大きな義務・責任を引き受けるものではないことを明らかにし、またそのようにある取締役をサイバーセキュリティ専門家と特定することは、特定された取締役に比べてその他の取締役の義務・責任を軽減するものでもないことを明らかにしている。

（2）取締役会におけるサイバーセキュリティ専門性の開示要求に寄せられたコメント

　Item 407（j）―取締役会におけるサイバーセキュリティ専門性の開示要求―の提案に寄せられたコメントは多数に上り、それらは、支持する見解と批判的な見解に分かれる。

　支持する見解には、「取締役会におけるサイバーセキュリティの専門性は、投資家が会社のサイバーセキュリティへのアプローチを評価する有用な出発点として役立つ」、「情報に基づいた議決権行使のために、投資家はItem 407（j）の開示を必要とする」等があり、それらは、取締役会レベルでのサイバーセキュリティの専門性を理解することは、登録企業がサイバーセキュリティについて

---

[13]　17 CFR 229, 407（j）（2）（Regulation S-K "Item 407（j）（2）"）.

のリスクを管理する能力を備えているかの評価にとって重要であるという観点で共通する[14]。

これに対して、Item 407（j）の新設に対する批判的意見には、より多様な観点が含まれているように思われる。

まず、サイバーセキュリティのリスクは、取締役が特定の技術的な専門性の有無にかかわらず評価する他のリスクと本質的に異ならないと論じる意見が多かったとされる。その理由としては、会社が直面するリスクの範囲は絶えず変化することを所与として、取締役に求められるのは、「ある特定のタイプのリスクについての専門性よりも、むしろリスクおよび経営監視の広い基礎のうえに立った能力」であるといったことが挙げられている[15]。

また、当該開示要求は会社が取締役会にサイバーセキュリティの専門家を確保するように強いる方向に働くことが予測されるところ、すべてまたは大部分の会社がそのようにしようとしても現時点で十分なサイバーセキュリティ人材が市場に存在しないとの問題が提起されている。そのような問題提起に関連してさらに、特に規模の小さい登録企業ほど人材を見つけることが困難になること、現在のサイバーセキュリティ人材のプールを前提にすると、結局は取締役会の多様性の低下に帰するとする意見や、取締役会にサイバーセキュリティの専門家を雇うことは会社のサイバーセキュリティ対策への支出を犠牲にする可能性があるという意見もあったとされている[16]。

第3に、専門性を有するとして特定された取締役には、たとえば国家による監視の対象になる、または当該取締役を妨害しようとするハッカーの攻撃対象になるといったリスクに直面する可能性があり、そのことにより、当該取締役が就任を躊躇することになるとの危惧も提起されている[17]。

最後に、反対意見には、より一般的な観点から上記提案は過度に命令的であり、実質的に会社がどのようにサイバーセキュリティのプログラムを実施するかを指図するものであるという捉え方がみられるとされている[18]。

---

(14) SEC, *supra* note 3, at 82.
(15) *Id.* at 83.
(16) *Id.*
(17) *Id.* at 84.
(18) *Id.* なお、Item 407（j）の代替策として、たとえば取締役会がそのサイバーセキュリティ

(3) セーフハーバー規定に寄せられたコメント

提案された開示要求については、上記のように賛否両論がみられたが、そのいずれの立場を採る者も、Item 407（j）(2)―セーフハーバー規定―については、大部分支持する意見を寄せたとのことである。それがなければ、就任することを躊躇するだろうという考え方からである[19]。

(4) Item 407（j）の提案が取り下げられた理由

すでに述べたように、Item 407（j）の提案は2023年の改正では最終的に取り下げられた。SECは、そのような結論に至った主な理由として、効果的なサイバーセキュリティのプロセスは大部分経営陣（マネジメント）レベルで設計管理されるということ、そしてリスク管理および戦略の広範な基礎に立った能力を持つ取締役は、他の技術的事項に対してするのと同様に、しばしば効果的に特定の主題にかかる専門性なしに経営陣の取組みを監視できるという見解に納得したことを挙げている[20]。

SECは、その他、賛成意見が、提案されたItem 407（j）の情報が投資家にとって有益であると指摘していることについては、それがすべての登録企業にとって重要な情報というわけではないとし、投資家は、取締役会レベルでの専門性に関する特定の情報を求めなくても、Item 106（b）および（c）によって要求される情報にもとづいて十分な投資決定をなしうると考えるとしている。そして、その目的のために、もしもある登録企業が取締役会レベルでの専門性がそのサイバーリスク管理にとって必要であると決定した場合には、その登録企業は、Item 106（b）および（c）に従ってその情報を提供することも考えられるとしている[21]。

(5) 若干の考察

ここでは、提案された規則案がサイバーセキュリティの専門性の定義はして

専門性により信頼する外部の専門家を特定すること、取締役会がどの程度の頻度で最高情報セキュリティ役員と会うかの開示、関連する取締役のトレーニングのリスト化等の意見も寄せられている。
(19) Id. なお、その他では、「サイバーセキュリティの専門性」の定義を必要とする意見もみられたとのことである。
(20) Id. at 85.
(21) Id.

いなかったことに関して専門性を定義することの困難さについて触れたのちに、改正提案を支持する見解、反対する見解において挙げられた点のいくつかを採り上げ、若干の検討を行う。

　まず、「専門性」の定義についてである。専門性の開示に伴うおそらく最も大きな問題はそれをどのように定義し測るかについての合意がないことであると指摘されることがあり[22]、SECも、改正提案を説明するなかで、サイバーセキュリティの専門性の定義規定を置かずいくつかの基準を例示するにとどめていることに関して、「サイバーセキュリティについての技量といっても広範にわたるため」ということをその理由にしている。定義の困難さについて、たとえば財務報告を理解する能力と気候変動を理解する能力とでは評価のしやすさに違いがある（後者の方が前者よりも評価が困難である）との指摘[23]にも留意する必要があろう。これらは、特に新しいタイプの専門性の開示要求の義務づけにおいて留意すべき事項であると思われる。

　次に、Item 407（j）の開示要求を支持する見解についてである。それらの立場は、取締役会レベルでのサイバーセキュリティの専門性を理解することは、登録企業がサイバーセキュリティについてのリスクを管理する能力を備えているかの評価にとって重要であるという観点で共通するとされている。そこでは、サイバーセキュリティ専門取締役の導入が登録企業のサイバーセキュリティのリスク管理の能力向上に資することを前提にしていると考えられる。どのような点で取締役会の機能の向上に資するかということについて、サイバーセキュリティについての問題を分析する取締役会の能力を高めることはもちろん、取締役会が問題の事後対応的な姿勢から転換して、先を見越して事前的な対応策を講じることも可能になることなどが考えられるであろう[24]。

　以上のような長所が考えられるにもかかわらず、改正提案に対して多くの反対意見が寄せられた。まず、サイバーセキュリティのリスクは、取締役が特定の技術的な専門性の有無にかかわらず評価する他のリスクと本質的に異ならないと論じる意見についてである。それは、会社が直面するリスクの範囲は絶え

---

(22) Nili & Shapira, *supra* note 1, at 7.
(23) *Id.*
(24) *Id.* at 26-28.

第2章　SECによるサイバーセキュリティの専門性を備えた取締役についての開示要求の提案とその撤回

ず変化するため、取締役に求められるのは、「ある特定のタイプのリスクについての専門性よりも、むしろリスクおよび経営監視の広い基礎のうえに立った能力」であるとの考え方を前提にしている。この意見についてSECも、リスク管理および戦略についての広範な基礎に立った能力を持つ取締役は、他の技術的事項に対してするのと同様に、特定の主題にかかる専門性がなくともしばしば効果的に経営陣の取組みを監視するという見解に納得したとしている。ただし、このような議論との関係で用心すべきこととして、いわゆる権威バイアス（authority bias）の問題[25]がある。サイバーセキュリティの専門家たる取締役が取締役会に加わると、他の取締役は、サイバーセキュリティのリスクについての情報を集め、また知見を深める意欲を低下させ、そして、サイバーセキュリティの問題に対する健全な懐疑主義を発揮しようとしなくなるといったことである[26]。そして、その問題は、当該サイバーセキュリティ専門家である取締役が議論の対象になっている情報の複雑さ、または他の取締役がその問題を理解するためにどこまで詳細な説明が必要かということについて過小評価する場合に、一層大きくなるとされる[27]。

次に、当該開示要求は会社が取締役会にサイバーセキュリティの専門家を確保するように強いる方向に働くことが予測されるが、すべてまたは大部分の会社がそのようにしようとしても現時点で十分なサイバーセキュリティ人材が市場に存在しないことや、そのことに関連する懸念事項が提起されていることについてである。人材の供給に関して、大手情報サービス企業であるトムソンロイターの署名記事は、「ESGの専門性を有する取締役会レベルの候補者は極めて少ない」と述べている[28]。そして、「SECの開示規則のような外部的ショッ

---

[25]　権威バイアスとは、権威者の考え方や意見を過度に重視する人間の傾向をいい、コーポレートガバナンスの文献において取締役会の機能に最も害を与えるバイアスの1つとされる。Id. at 33.

[26]　Id. at 34. 米国の会社取締役協会（National Association of Corporate Directors）は、「多くの会社がサイバーセキュリティ専門家のため取締役会の席を設けたが、それはその者に全てを知り全てをみるという責務を負わせるものであった」と表現している。
Joyce Cacho, *Board Committees Are Key to Embedding ESG*, NASD Board Talk（Feb. 16, 2022）〈https://blog.nacdonline.org/posts/committees-key-embedding-esg〉

[27]　Nili & Shapira, *supra* note *1*, at 34.

[28]　Natalie Runyon, *How Companies Can Upskill Their Board of Directors to Meet ESG Expectations,* THOMSON REUTERS（Jun. 1, 2022）

クがサイバーセキュリティの専門性をもつ取締役の需要を増加させる場合に、取締役になる意欲をもち、能力も備えたサイバー専門人材の供給がそれに伴って増加しそうにはないと指摘される[29]。そのような人材供給問題に伴って特に規模の小さい登録企業ほど人材を見つけることが困難になる、結局は取締役会の多様性の低下に帰するといった懸念も指摘された。これらの指摘は、もし大規模な会社がサイバーセキュリティ専門性を加えるとともにジェンダー多様性の改善を迫られているとすれば、そのような会社は、女性かつサイバーセキュリティの専門家たる取締役を小規模な会社から「横取りする」ことが生じそうである[30]といったことを想定しているものと考えられる。

　なお、ここで挙げられるような懸念事項は、ある会社に当てはまっても他の会社には当てはまらない状況依存的な性質を持つものであることはいうまでもない。ただ、新たなタイプの専門性を備えた取締役を加える傾向がその組織にとって自然に生じたものであるというよりも、外部の圧力により急速に生じたものである場合、その選任過程は、その会社固有の実際の必要性に応じることよりも外観を優先するものになる可能性が高くなり、その結果、マイナス面がプラス面よりも強く出がちであると指摘されているところ[31]、反対意見が、一般的な観点から改正提案は過度に命令的であると述べていることには、そのような観点を読み込むこともできるように思われる。

4　結びに代えて

　ESG論議において、取締役会の専門性は争点の1つになってきている[32]。本論文では、SECによるサイバーセキュリティ専門取締役を特定することを求める規定新設の提案をめぐって寄せられたコメントを紹介するとともに、それを出発点として、NiliおよびShapiraの議論を参考にしながら、若干の検討を試みた。サイバーセキュリティの領域を含め、ESG専門取締役を選任するこ

〈https://www.thomsonreuters.com/en-us/posts/news-and-media/upskilling-board-directors-esg/〉
(29)　Nili & Shapira, *supra* note *1*, at 29.
(30)　*Id.* at 23.
(31)　*Id.* at 39-40.
(32)　*Id.* at 3.

第2章　SECによるサイバーセキュリティの専門性を備えた取締役についての開示要求の提案とその撤回

と自体が問題なのではない。それにはプラス面とマイナス面がありえるが、3(5)の分析の最後の箇所で述べたように、新たなタイプの専門性を備えた取締役を加える傾向が外部の圧力により急速に生じたものである場合、その選任過程は、その会社固有の実際の必要性に応じることよりも外観を優先するものになる可能性が高くなり、マイナス面に留意する必要が大きくなるといえる。

　なお、本論文は、サイバーセキュリティ領域での専門取締役に即した検討を行ったものであり、その領域は、伝統的に問題にされてきた専門性、すなわち会社事業に結びついた専門性に近いといわれることもある。ESGと取締役会の構成という問題関心からは本論文の考察範囲は限られたものである。本論文での考察を出発点に、開示規制以外のESG専門取締役導入の諸要因にも検討を及ぼし、それに伴い必然的に問題になるサイバーセキュリティ以外のESGの領域についても考察の対象を拡げることを今後の課題としたいと考えている[33]。

---

(33)　なお、取締役会に特定の領域についての専門性を備えた取締役を加えることを迫る要因に関して、本論文ではサイバーセキュリティの分野につき開示規制との関係を採り上げたが、サイバーセキュリティの分野においても、内部統制システム整備義務等による被害企業の取締役の会社法上の責任（奥山健志＝蔦大輔「サイバーセキュリティ×会社法―内部統制システムの構築とランサムウェア対応」NBL1258号(2024)62頁、西尾太一「ランサムウェアに関する法的論点の整理」ジュリ1599号(2024)45頁等参照）が専門取締役導入の要因となりうる場合も考えられるであろう。

第3章
企業の社会的責任と
コーポレート・ガバナンスの実情について

保川宏昭

I　序論

　私は大学を卒業し、22歳で企業に就職して以来45年強、企業の管理部門、いわゆるコーポレート部門を歩んできました。その経験から、企業が社会的責任を果たしていくために企業のコーポレート・ガバナンスがどのように実際行われているかを解説しつつ、コーポレート・ガバナンスの実情を考察したいと思います。

　まず前提として、『コーポレート・ガバナンス』と『内部統制システム』、この二つが密接に関係していることは理解しているのですが、どう違うのか、企業活動においてどう異なった取り扱いをするのか、異なった取り扱いをする意味があるのかなど、実は現時点でも正直、明確に区別できているわけではありません。

　ウィキペディアでは、『コーポレート・ガバナンス』を以下のように定義しています。

　「企業経営を管理監督する仕組みのこと。株式会社の場合、会社の所有者である株主の利益を最大限に実現できているかどうかを管理監督するシステムのことである。一般に多く使われるのは、企業の不正行為の防止と競争力・収益力の向上を総合的にとらえ、長期的な企業価値の増大に向けた企業経営の仕組み。首脳部で決定された方策をいかに実行するかは運営、その運営状況をいかに管理・監督するかは内部統制（内部管理・監督）、さらに企業のシステムが

健全に機能しているかをモニタリングし、審査するのは監査（内部監査と外部監査に分かれる）という。また昨今のグローバル化による事業環境の変化の速さから、広義では自社の内部統制だけでなく、外部環境である経済情勢やパートナーの動向に対する監視を行うことで、自社に与える利害、リスクを分析し対処することも指す場合がある。」とあります。

一方で、『内部統制システム』はウィキペディアでは「業務の適正を確保するための体制」と題し、内部統制システムを検索するとそこから転送として導かれ、以下のように定義しています。

「業務の適正を確保するための体制は、会社法で定義される用語である。「業務の適正」とは、違法行為や不正、ミスやエラーなどが行われることなく、組織が健全かつ有効・効率的に運営されるよう各業務で所定の基準や手続きを定め、それに基づいて管理・監視・保証を行うことを意味する。ビジネス界で、コンプライアンス体制と呼ばれている概念よりも広く、情報管理・危機管理も含まれている。現在、各種記述ではこの用語を内部統制システムと呼び替えていることが多いと思われる。」とあります。

東京証券取引所の「コーポレート・ガバナンス・コード」において『コーポレート・ガバナンス』とは、「会社が、株主をはじめ顧客・従業員・地域社会等の立場を踏まえた上で、透明・公正かつ迅速・果断な意思決定を行うための仕組みを意味する」と説明しています。

また、「内部統制システム」という文字は会社法の条文では登場してきません。

会社法第362条第4項第6号で「取締役の職務の執行が法令及び定款に適合することを確保する体制その他株式会社の業務並びに当該株式会社及びその子会社から成る企業集団の業務の適正を確保するために必要なものとして法務省令で定める体制」と規定してあり、これが「内部統制システム」と一般的には言われています。

加えて、「コーポレート・ガバナンス」は一般的に「企業統治」と言われています。

広辞苑によれば『統治』とは、「統べおさめること。主権者が国土及び人民を支配すること。また、国や自治体の政治・行政活動の総称」とあります。これに「企業」がつくと「主権者」は「経営者」に、「国土及び人民」は「市場

及び従業員」に、「国や自治体」は「企業の関係先」に、「政治・行政活動」は「企業活動」に読み替えられます。

　こうして、『コーポレート・ガバナンス』と『内部統制システム』を整理してきましたが、両者の相違がクリアになったわけではありません。むしろ、その境界が一体どこにあるのか、企業実務においてどう使い分けるべきなのかといったことは、考えれば考えるほど悩ましくなります。

　しかし、ここでは取り敢えず、一旦、私見ですが、次のように整理したいと思います。

　『コーポレート・ガバナンス』は企業活動におけるステークホルダーとの関係を健全に保つための企業における「機関設計」であり、『内部統制システム』は会社法に記載の通りまさに「業務の適正を確保するための体制の構築と実行」と位置付けることとします。

　「コーポレート・ガバナンス」については、「コーポレート・ガバナンス・コード」が2015年に制定され、2017年には「コーポレートガバナンス・システムに関する実務指針」が制定され、順次改訂が進んでいます。このように健全な企業活動に向けた指針が次々と出現しており、特にプライム市場のコーポレート・ガバナンス報告書の記載要件は益々高度化し、その対応業務が増してきているのが実情です。それを一つひとつ的確に対応していくことが企業価値の向上に確かに繋がる面は多いと思います。企業も"やらされ感"ではなく、こうした要請を活用して企業自身を見つめ直し、企業の質の向上に役立てることが最も重要だと考えます。

　そして、企業自身を見つめ直し、企業の質の向上に役立てるためには「内部統制システム」、つまり日常的に業務の適正を確保すべく会社の仕組みやルールを整備し実行して事業を遂行し、社外を含めた監視・検証を監査などによってウオッチし、健全な企業活動を繰り返し、発展を遂げることが、健全な「コーポレート・ガバナンス」に通じていくのだと思います。

　今回、本編では、この「内部統制システム」を取り上げてみます。ただ、「内部統制システム」と言ってもその範囲は広く、内部統制を適切に行うには、いろいろなアプローチ、切り口があります。

　「コーポレート・ガバナンス」の有効性を確保するためには、会社の特に執

行サイドが業務の適正性を確保するための体制と会社法に規定しているいわゆる「内部統制システム」の構築と実効性のある運用を適切に行えるかどうかが鍵となります。

内部統制システムの構築及び運用については、これまで多くの書籍で書かれているように、その構成要素は、「統制環境」、「リスクの評価と対応」、「統制活動」、「情報と伝達」、「監視活動」、「IT統制」で成り立っていると言われています。こうした構成要素を企業が具体的にどう捉え、取り組んでいるかは千差万別でありますが、この6つの構成要素を企業活動に照らし、これまで実務を行ってきた経験から言うと、究極すれば"コンプライアンス"と"リスクマネージメント"を的確に運用しているかということに収斂されると思います。

会社法第362条第4項6号のいわゆる「内部統制システム」の規定に照らせば、当該本文の「取締役の職務の執行が法令及び定款に適合することを確保するための体制」が"コンプライアンス"であり、施行規則第100条第1項2号「当該株式会社の損失の危険の管理に関する規程その他の体制」が"リスクマネージメント"であります。

では、執行サイドの「内部統制システム」を実効性のあるものにするためにどうしたらよいかと問えば、これまでの経験から、企業としては、"コンプライアンス"と"リスクマネージメント"の2つについて、ルールを明確にした仕組みを構築し、それを社員一人ひとりがそのルールを遵守するという高い意識を持つことが重要であるということに行き着きます。

そこで、本編では、これまでの実務経験を踏まえ、企業における「コーポレート・ガバナンス」の在り方を考察するため、「コンプライアンス」を深堀りしてみたいと考え、本稿が、実務者の一助となることを期待して書き進めることとします。

Ⅱ　コンプライアンス

1　総論

「コンプライアンス」を日本語で訳すと「法令遵守」となりますが、最近では、

いわゆる法律にとどまらず、規則やルール、場合によっては、習慣や常識を尺度にして話をする場合もあります。常識は人によって価値観が異なるように、時として一人ひとりの感覚に委ねられ、果たして何が常識で何が非常識かの区別も付きにくいことも多いと思います。

　コンプライアンスはドラマの題材にも取り上げられることが多くなりました。2018年は唐沢寿明さん主演の「ハラスメントゲーム」、2019年福山雅治さん主演の「集団左遷」、また同年には池井戸潤さん原作、大泉洋さん主演の「ノーサイドゲーム」が放映されました。この「ノーサイドゲーム」では、ラグビーワールドカップの高まりが後押ししたという面もありますが、買収に絡んだコンプライアンスの問題や企業にとっては身近な予算削減を迫られるという危機にいかに立ち向かうというストーリーで話題になりました。加えて、坂口健太郎さんと杏さんが出演した「公正取引委員会」をテーマにした「競争の番人」もその一つです。もちろんドラマですので、少々強調した表現となってはいましたが、必ずしも現実離れしていると言い切れるものではありません。2024年には宮藤官九郎氏が書き下ろした「不適切にもほどがある」というドラマが放映されました。これは昭和の時代では当たり前であったことが、今や令和の時代ではコンプライアンス違反、あるいはそれに近いと判断されるというGAPを描いて話題になりました。

　リアルにドラマの世界だけでなく、企業不祥事は多くマスコミにも取り上げられています。この原稿を書き終わったころにも、ひょっとすると大きなコンプライアンス違反の事例が世の中を騒がしているかもしれません。

2　最近の事例

　2024年に入っても企業不祥事は後を絶ちませんが、あのトヨタが不祥事問題でマスコミを賑わせています。2023年で世間的にも話題になった事案は、「ジャニーズ事務所のハラスメント問題」です。これはジャニーズ事務所のハラスメント問題もさることながら、この問題を"忖度"という名のもとに報道しなかったマスコミ関係の対応にも一石を投じたのではないでしょうか。

　また、2023年11月には日本大学アメリカンフットボール部薬物事案による学長・副学長の辞任と廃部論議が沸騰したことです。日本大学は「ガバナンス

不全」とも記事掲載がありました。ここでも「ガバナンス」という言葉が使用されたのです。少しこの事案を掘り下げてみたいと思います。

　日本大学はホームページで『「学校法人の管理運営に関わる適切な対応及び報告（指導）」に対する本法人の今後の対応及び方針について（回答）』という文書を公表しました。

　この文書の「第6ガバナンス体制の抜本的な見直し〜実効性の高い執行・監督体制の再構築」（以下「第6」と称す）という項目で、「社会と調和する理念」、「業務執行理事の職務権限の明確化」、「執行部会、理事会及び評議員会の在り方」、「監事の在り方」について述べ、第7では「コンプライアンス・内部統制・危機管理等知見の徹底」（以下「第7」と称す）と続いています。

　序論で私が一旦整理しましたが、本文書において前述「第6」の記載は、いわゆる大学の「機関設計」について述べており、「第7」が「内部統制システム」についての記載と大別できます。

　ただ、「第6」の文中には「法人ガバナンスを強化します」、「学長ガバナンスを強化します」、「私立大学法人のガバナンス強化が喫緊の課題」といったように「ガバナンス」にも複数の種類があるかの如くに記載されています。しかし、ガバナンスは「日本大学のガバナンス」という全体を俯瞰した設計が最も重要だということを理解して再構築に取り組んでいただきたいと感じます。

　また、「第7」の建付けは「コンプライアンス」と「内部統制」と「危機管理」の3本建てとなっています。「内部統制」に関しては「ガバナンスを担保する、有効な内部統制制度を確立します。」と記載されています。つまり、機関設計を支えるための手段として内部統制制度を確立すると読めます。従って、ここでいう「内部統制」は会社法施行規則第100条第1項第1号の「当該株式会社の取締役の職務の執行に係る情報の保存及び管理に対する体制」に照らして起案されたものではないかと推察します。これは決して間違ってはいませんが、重要なことは、「コンプライアンス」と「危機管理」への具体的な対応を講じ実行することです。

　今後はこの回答書に記載の内容が行動に移され、それが適正に軌道修正されているかをモニタリングすることが大切になります。世間はアメリカンフットボール部だけの問題とはとらえていないと思います。学校全体が改善されるか

どうかに注目していることを認識する必要があります。

　2023年に起きた不祥事としてその他には、ビックモータの修理費水増しによる保険金の不正請求問題も取沙汰されました。

　もう少し前の不祥事で言えば、2021年6月に発覚した三菱電機の鉄道車両用空調装置などにおける不適切検査事案は同年7月に当時の杉山社長を辞任にまで追い込む事態となったことは記憶に新しい出来事です。社長は記者会見で組織ぐるみの不正であったと言わざるを得ないと発言しています。

　内部統制システムが適正に機能していれば、こうした事態には陥らなかったはずと言えますが、現実には起きてしまっています。しかも、三菱電機には錚々たる人物が社外役員として名を連ねています。この社外役員による監視が機能していなかったのがこの不祥事の一つの要因ではあるかもしれません。言い訳を聞いて容認するということではありませんが、現実企業に携わっていますと、彼らを頭ごなしに責めることもできません。

　なぜなら、社外役員がその会社の事情に接することができるのは、一般的に取締役会や監査等委員会もしくは監査役会などごく限られた機会しかないのが実情だからです。

　こうした状況下でコーポレート・ガバナンスが経営の監視で実効性を挙げられるのは、いわゆる経営判断の原則の側面のみと考えたほうが良いのではないかと思います。重要な取引やプロジェクトへの参画、リスク事案への取り組みなどは各社ともに一定の金額基準を設定し、各社にとって重要と位置付けられる事案は取締役会での付議案件もしくは報告案件として議題に掲げられるため、少なくとも社外役員にも発言の機会は与えられることになります。

　いわゆる「入口管理」と言われるもので、これがまさに「リスクマネージメント」と言えます。

　しかしながら、コンプライアンス違反については、火種の段階で取締役会に報告されることはほとんどありません。それは、会社側としても正確な事実確認を行い、事実であれば、その原因を分析し、再発防止対策の一定の目途付けまで行わなければ、なかなか社外役員に報告するのは難しいと考えます。勿論、発生した事実だけを報告するという手段がないわけではありませんが、社外役員の責務としてなぜそういうことが起こったのかを問い質すことになりますし、

会社としてどうやって再発防止に努めるのかを聞きたくなるのは常套だと考えます。従って、事後にその顛末と再発防止策の報告が取締役会で議題として取り上げられるのが一般的ではないでしょうか。それもマスコミに取り上げられる、あるいは取り上げられた事案は議題となるかもしれませんが、それ以外は、報告すらしないこともあり得るというのが企業活動の実態ではないでしょうか。
　コンプライアンス違反事案によって、重いとか軽いとかがあるとは言いませんが、会社としては世間の評価としてどう受け止められるかといった社会的な責任という観点や風評という観点からが議題とするかどうかの判断基準の一つになるのではないかと思います。
　ひとたび、コンプライアンス違反事案が起きると、その事実関係の把握、そのための聞き取り調査、並行して、関係者への対応や再発防止策の立案など、投入するリソース（人材と時間）は相当量なものとなります。一般的にこうしたコーポレート部門に割く人材は通常極めて少ないのが多くの会社の実情ではないでしょうか。コンプライアンス事案の発生と同時に対応する人材の投入を決断することが経営者には求められると思います。
　その他にも過去において、企業不祥事は、多くの事例があります。
　日野自動車の検査不正、オリンピック関連ではAOKIやKADOKAWAの贈収賄事件が取り沙汰されていました。
　また、コロナ禍では、テレビ朝日社員の打ち上げと称した懇親会での転落事故やオリンピック直後の河村名古屋市長のメダル齧りなど枚挙にいとまがありません。
　更にもっと過去に目を向ければ、日産自動車のゴーン氏や西川前社長の不祥事、神戸製鋼のデータ改竄、日常的に蔓延しているセクハラ・パワハラなどのハラスメント問題、新入社員を自殺に追い込んだ過酷な労働やサービス残業など、数を挙げればきりがありません。
　内部統制に関する裁判事例として有名なのは、大和銀行ニューヨーク支店での不正取引やダスキン事件、西武鉄道事件などまで遡ることができます。
　また、会計不祥事の代表的な事例としては2015年に発覚した東芝不正会計事件など不祥事事例は山ほどあります。東芝はこの事件を契機に8年後の2023年には非上場会社となる選択をしますが、当時、そうなることを予測した人は

おそらくほとんどいなかったのではないでしょうか。不祥事は会社の行く末を大きく変えるきっかけになることは間違いないようです。

　ただ、非上場会社になることは今の時代必ずしもネガティブなこととは言い切れません。東芝が非上場に至る経緯にはネガティブ要素もありますが、上場であるが故にPrice Book-value Ratio（いわゆるPBR）の向上を東京証券取引所から要請され、非財務情報の開示を事細かく求められる等、時代に応じて新しい業務が増加していることも事実です。こうした業務に対応するためには企業としては人材と労力を相当費やすことになります。その業務を通じて企業価値の向上を図るのが本来の主旨ですが、企業の特性によってはその対応が消化作業化してしまうこともあり得るということを懸念する必要があります。この考えについては、本論とは論点が異なりますので、このくらいに留めます。

　さて、これまで挙げたような不祥事問題を如何に起こさないか、起きた場合も原因を特定し再発防止をどう進めるか、企業として取り組む課題は尽きません。

　前述の通り、コーポレート・ガバナンスの有効性を確保するためには、会社の特に執行サイドが業務の適正性を確保するための体制と会社法に規定しているいわゆる「内部統制システム」の構築と実効性のある運用を行えるかどうかが鍵となります。

3　J北海道旅客鉄道株式会社（以下「JR北海道」と称す）の不祥事事例からの考察

少し古い事例にはなりますが、今からおよそ10年前に起きたJR北海道の事案を例に事実関係に沿って内部統制の視点から考察してみたいと思います。

　これは、私自身が本事案を契機にコンプライアンスと向き合って整理したことがあり、それを活用して今回取り上げました。

　なお、ここに記載の情報は私の意見等以外は、JR北海道のホームページに開示（当時開示された情報を含みます）されている公知の情報から抜粋したものであります。

（1）JR北海道の不祥事等とその対応

　① 不祥事の経緯

　　JR北海道は、2011年5月石勝線において列車脱線事故を起こし、翌6

月には快速エアポートの運転士の居眠り、石勝線追分駅での不正な信号の現示が続いて発生した。

　2011年9月にはこうした一連の不祥事を踏まえ、「安全性向上のための行動計画」を外部諮問機関の意見も聴取して策定したが、2013年7月特急北斗14号のエンジン付近からの出火事故や特急スーパーあおぞら3号の配電盤からの出火トラブル、2か月後の9月には函館本線大沼駅での臨時貨物列車の脱線事故が相次いで発生した。更に、この脱線事故を契機として、レール幅の本来あるべき状態からのずれの放置や検査データの改ざんなどが発覚した。

　また、JR北海道では一社員による不祥事も発生した。2013年9月に運転士が出区前点検のミスの発覚を恐れたことにより自動列車停止装置のスイッチを破壊し2014年1月に器物損壊容疑で逮捕された。更に、2014年5月にはプロ野球選手のサインをもらうため運転士が無断で列車を離れたり、車掌が走行中に漫画を読んでいた事実が判明した。加えて、その後も運転士が運転操縦中に携帯電話を使用したり、乗務中に喫煙や居眠りするという事例も発生している。

　2011年5月、6月に発生した不祥事に関しては、同年6月国土交通省から「安全輸送の確保に関する業務改善命令」、鉄道局長からは「保安監査の結果等による改善指示」という処分をJR北海道は受けた。これに対してJR北海道は「安全性向上のための行動計画」（以下「行動計画」と称す）を策定した。

② JR北海道の行動計画

この行動計画の中で、JR北海道は反省点として次のような点を挙げている。

ⅰ）企業風土としては、安全に対する取り組み意識が希薄であったこと、安全が多くの取り組みの中の一つの要素という程度の認識となっていたこと、部門間において「仲良し意識」「事なかれ主義」「前例踏襲主義」が生じていたと分析している。

ⅱ）安全マネージメントとしては、取り組みが一部形式化していたこと、長期的な視点が不足しており、目の前の経営を優先させ、前年度比較等で安全対策を立案する傾向にあった。また、厳しい経営環境下、

各分野に資金が十分行き渡らない状況が生じていた。
ⅲ）体制面としては、事故の本質・背景に迫って原因を根本的に除去する有効な対策に結び付けようとする意識が十分ではなかったとともに、将来に向けた人材育成の施策も脆弱であった。
ⅳ）情報の伝達・共有化としては、机上優先で「現地」「現場」「現物」に即した連携が不足し、情報の伝達も確実に行われず、双方向の対話が不足していた。
ⅴ）その他、マニュアルが系統別に存在するなどの不合理な状況にあったこと、保守系統系が形骸化していたことを挙げている。

　こうした反省に対して、行動計画では、現場第一主義の実践や顧客の安全を中核として中期経営計画を策定し、コンプライアンスを徹底するという企業風土の改革、社長のコミットメントの強化、安全に必要な資金の確保等の安全マネージメントの再構築、体制の見直しや人材育成・教育と訓練の実施などを掲げた。

　しかしながら、2013年になって前述したような重大な不祥事が相次いで発生したということは、2011年6月に石勝線で発生した列車脱線火災事故を契機にJR北海道は「行動計画」を策定したものの、その取り組み姿勢と実効性には疑問を持たざるを得ません。

③　行動計画に対する国土交通省の評価
　国土交通省（以下「国交省」と称す）は、2013年9月に発生した函館本線大沼駅での臨時貨物列車の脱線事故等を踏まえ、3回にわたる特別保安監査の結果を整理・分析した状況を2014年1月に公表した。
　この公表の中で、国交省は2011年9月策定の行動計画の実施状況の客観的な評価や実行にあたっての課題の抽出、それに対する具体的な対応等が十分議論されず実効性が確保されていなかったとし、2013年に発生した不祥事への対応に関しては、JR北海道に委ねるだけではなく、国としても必要な助言や対策の指示、監査を実施することとした。
　国交省のこの公表は、JR北海道に単なる「安全に対して講ずべき措置」としての改善を要請したのではなく、「JR北海道の再生へ」と示しており、これは、通常の企業ならば、"企業としての存続はない"という重いも

のであると考えます。つまり、不祥事事案の単なる対策ではなく、企業風土という根本からの改善を要請したとも受け取ることができます。

(2) JR北海道の不祥事に対する内部統制システム面からの考察

国交省がJR北海道に対して示した講ずべき措置の内容を内部統制システムの観点から見てみたいと思います。

① 日々の輸送の安全確保

この中で現場では以下の留意事項を徹底すべきであるとしている。

ⅰ) 常に安全を第一にするという基本認識を持つこと

ⅱ) 法令や規程等のルールを遵守すること

ⅲ) 安全を脅かすおそれのある事象に対しては敏感であること

ⅳ) トラブルが発生した際には、安全確保を最優先とした判断や対応を行うこと

ここに掲げた4点は、企業にとって当たり前と言えば当たり前ですが、経営者として何を優先すべきかをこのように明確に打ち出すことが必要です。

多くの企業にとって、利益を追求することが一つの使命であることは間違いないものの、果たしてそれがどのような優先順位に位置するかはその時の経営を取り巻く情勢と経営者の信念や感性に依るところが多いと思います。

一つの目安ですが、第一に「安全」、第二に「コンプライアンス」、第三に「品質・性能」、第四に「納期」、そして最後の第五として「コスト・利益」という概念が健全なコーポレート・ガバナンスを形成するには重要だと、これまでの私自身の経験から確信しています。

また、ⅲ) はまさにリスクマネージメントです。安全を脅かすおそれのある事象とは何か、その重大性と緊急性を分析し、それぞれの具体的な対策を講じ実行に繋げることが、リスクマネージメントであり、これを行わないと同じ過ちや想定外のことが発生してしまう可能性があります。

東日本大震災以来、「想定外」で発生した事象を言い訳することは許容されない時代になっていることを十分認識し、特に経営陣はリスクマネージメントに注力することが安定経営の第一歩となります。

第3章　企業の社会的責任とコーポレート・ガバナンスの実情について

　2020年春からつい最近まで猛威をふるっている新型コロナウィルスは全世界を巻き込んだまさに「想定外」の事象であり、この教訓を経営者がどう活かすかが、JR北海道のみならず、全企業の存続を左右するといっても過言ではありません。

　政府においても同様のことが言えますが、何故か危機感の欠如と「国民の安全と安心を守ります」と言葉では言いますが、その対策の具体性の無さを懸念するのは私だけでしょうか。2023年5月8日からの5類へ移行してからは、益々、罹患者数の実態もわかりにくくなり、その対策も"見える化"されていないと感じます。

② 　第一歩の改善
　　この中では以下の点を強く要請している。
ⅰ）改竄の根絶
ⅱ）安全管理体制の再構築
ⅲ）安全確保を最優先とする事業運営の実現
ⅳ）技術部門の業務実施体制の改善
ⅴ）第三者による安全対策監視委員会の設置
　　以下、順をおって考察してみます。
ⅰ）改竄の根絶
　　国交省は検査データの改竄が常態化していたとの認識を示しています。これは、職員のみならず上部組織の管理職クラスや本社の職員の関与も認められていることからそう認識したものと思われます。組織の一人ひとりにデータの改竄が"悪いこと"という認識がなく、仮に健全な職員がいたとしてもそれを通報し改善を求める仕組みや風土が存在していなかったため、顕在化することはなかったと考えられます。

　　また、ルール通りに補修を行うこと、その結果を正しく記録すること、そうしたことを規程類等で明確にすることを要請していますが、企業としてこれは当たり前のことです。ただ、この当たり前のことができないが故に、不祥事が後を絶たないというのも明白な事実であります。

　　加えて、改竄が行われた場合は厳しく処分するなど、そうした環境を整備することを要請していますが、これはまさに"一罰百戒"です。不

祥事の発生が厳罰処分に繋がることを周知しないと誰も自分のこととして捉えません。社員一人ひとりが、身近に感じるような仕組みが必要となるわけです。

ⅱ）安全管理体制の再構築

　どこの部門が安全管理について権限と責任を持って推進するかを明確に決定することが必要です。会社として組織していた安全推進委員会は、これまで報告に留まっていたことやヒヤリ・ハット事象などについて十分な調査や審議がなされていなかったことを反省し、本来の役割を的確に果たすことが求められています。更に、監査体制についても、内部監査の徹底はもとより、監査役の監査も強化するよう要請しています。

　ここで、会社の機関設計に触れてみることにします。

　JR北海道の会社組織図をみると、人数までは不明ですが、「監査部」があります。組織図としては社長直轄体制となってはいますが、財務部、総務部担当等の常務取締役が監査部を所掌しています。現時点（2023年12月時点）では、この常務取締役はコンプライアンスも担当しており、多くの会社は人的リソースの問題などでこのような体制となっている会社もあります。形式的にはJR北海道も意識を新たにしていると評価できますが、実質的な人員の投入や監査部の監査計画そのものでその有効性は評価されることになるはずですので、その実態は読み取ることはできません。

　一方で、監査役の体制をみると、2014年6月の株主総会で常勤監査役はJR北海道の技術系出身者を起用しました。社外の非常勤監査役は、銀行のトップ経験者、弁護士、会計士の3名体制を継続し、2011年の石勝線列車脱線火災事故以降、2013年の函館本線大沼駅の臨時貨物列車脱線事故及びそれに関連するデータ改竄の発覚までの期間にこの監査役のメンバーに変化はありません。社外監査役として取締役の職務執行や職員の業務執行にコンプライアンス違反がないかどうかなど、JR北海道の内部統制システムの基本方針や整備状況を確認し、それが適正に運用されているかどうかを、コーポレート・ガバナンスの観点できめ細かい監査をすることが本来求められるのではないでしょうか。とは言うも

のの、社外が故に監査自体への踏み込みにも限界が生じるのはやむを得ない面もあると考えます。ただ、不祥事が発覚した場合には、丁寧な監査対応が必要になると思います。

ⅲ）安全確保を優先する事業運営の実現

　この項目は、投資資金の観点から考察してみます。

　国交省は経営安定基金の運用益の実質的な積み増し2,200億円及び10年間で600億円の設備投資支援等により、配賦可能な財源は増加したため、安全投資と修繕に関する5年間計画を策定し、600億円の活用も前倒しに検討するよう要請しました。2014年3月末時点での貸借対照表の総資産は1兆2,866億円であり、2013年3月期決算で13億円の純利益計上、2014年3月期60億円の純利益計上により、若干ですが増加しています。その資産構成は、流動資産が3％弱、固定資産が20％強、経営安定基金資産が60％弱、鉄道建設・運輸施設整備支援機構債券が20％弱となっています。一方、負債及び純資産の構成は、流動負債が3％、固定負債が10％弱、鉄道建設・運輸施設整備支援機構特別債券引き受けのための借入金が20％弱、純資産が70％程度であり、この資産及び負債・純資産の構成比率は、少なくとも2012年3月末から大きな変化はありません。

　つまり、貸借対照表から見て、安全管理のための設備の建設や導入などの思い切った投資は行っておらず、また、損益計算書から見て、純利益を着実に計上していることから、大規模な修繕等の計上もないと推察されます。

　資産構成は、直近の2022年度決算においても多少の比率の変動はあるものの、大きな変化は見られません。

　いずれにしても、都度経営判断で現場最優先をおざなりにするような事態を回避することが必要であり、そのためには、本社や経営トップが現場の声に耳を傾ける、あるいは現場の声を掬い上げる仕組みの構築が重要です。その上で、安全投資を自主開示するなど、常に企業の透明性を積極的に示すことが大切です。

ⅳ）技術部門の業務実施体制の改善

いくら管理体制を整備しても、現場部門にルールの整備やそのルールに基づいて業務を遂行するという気構えがなければ改善は期待できません。そのためには、ある意味ここで掲げた技術部門の業務体制をいかに有効に構築するかという施策が最も重要であると言えます。国交省が要請している多重のチェック体制は実務面を考慮すれば手間のかかることですが、当面は人的リソースを投入しても対応し、その上で業務フローを再整理し、ITを活用するなどして効率的な手法を検討することが必要と考えます。

　JR北海道労働組合の特別寄稿文の中でも、これまで現場から改善を要望しても汲み取られず、そのうち現場は要望すらしなくなっているとの記載がありますが、再生のためには、労働組合としても何度でも声を出していくことが求められます。

　そうすることで、経営者側の責任追及にも繋がる可能性が生まれてきます。

ⅴ）第三者による安全対策監視委員会の設置

　第三者による安全対策監視委員会は、「JR北海道再生推進会議」と称し、日本郵船㈱会長を議長とし、北海道知事、北海道大学教授ら計8名の有識者によって構成されました。2014年6月12日にこの委員会の初会合が経営陣も同席のもと開催され、その際、一部のマスコミからは職業倫理の欠如という批判もあったが、本来の第三者委員会の設置の目的を議長以下のメンバーが改めて認識し、二度と同じ過ちはもとより、類似の事故や災害を防ぐ仕組み作りと意識改革を進めることが重要であると認識すべきと考えます。

　2011年9月に作成した行動計画も外部諮問委員の意見を聴取して作成しましたが、2013年相次いで事故などが発生していることを真摯に受け止め、折角の外部意見もJR北海道自らが改善しようとする意識が希薄では、今回も同じ結果となりかねません。そうならないためにも、今回の第三者委員会は、JR北海道の対応や対策が計画通りに実施されているかをフォローしていくことが重要なポイントとなります。通常の企業がどこも取り組んでいるいわゆる Plan-Do-Check-Action（以下

「PDCA」）の管理サイクルを的確に回すことが第三者委員会にも求められます。
③ 更なる安全確保へ
　この中では、安全の確保とさらなる向上に取り組むよう要請しています。
　安全は、人命にかかわることですので、特にその仕組み作りと意識の浸透が前提となります。もちろん、これは、安全に限らず、コンプライアンスを筆頭に内部統制システムの各要素の構築及び運用にあたっても基本は同じです。
　仕組みに歪みが生じていれば、PDCAの管理サイクルは決して的確に回すことはできません。ただ、的確に回らなければその理由を分析し、改善するというフィードバックが必要です。世の中の常識やルールは不変ではありません。企業としての仕組みは一度作り上げたら終わりということにはならず、常に時代にルールなどが合致しているかを検証しながら整備する必要があります。
　また、意識の浸透は、究極すれば"繰り返し"の啓発しかありません。しかしながら、新入社員や中間採用者、派遣社員など企業に従事する人はさまざまですし、前述の通り、時間軸の経過とともに状況は変化しますので、時には時間を置いて改めて教育することも重要となります。
　いつのタイミングで実施するかはそのテーマの対象者によって企業が任意に選択すればよいのですが、大切なことは"繰り返す"ということだと思います。
　加えて、意識が浸透したかどうかは第三者機関等を活用して評価することが重要です。いくら企業の担当部署が企画し、展開しても、真に浸透しているかどうかを評価しなければなりません。その結果によって、なぜ浸透しないのか、何が不足しているかなどを分析し、要すれば、対策を講ずる等、まさにPDCAの管理サイクルを回していかねばなりません。
④ 措置の実施状況の報告等
　この項目では国交省が指定した項目の報告を定めています。
　まず最初に報告すべきとされている「記録を重視するルールの策定及びその徹底」と「改ざんが行われた場合における厳しい処分環境の整備」

については、期限通り2014年3月に最初の報告がなされています。

　前者の項目に関しては、軌道部門、車両部門など、部門毎にルール制定状況を精査した様子が窺われます。今回の点検に基づき、整備したルールが整備にとどまらず、その通りに行われているかを内部監査の手法などを活用して定期的に監視・検証することが必要です。

　また、周知徹底するために保線関係現場長会議等を開催したとのことですが、今回開催した会議を踏まえて、会社全体のコーポレート・ガバナンスとして本社の情報の共有化や対策の徹底に有効と思われる全社的な委員会のような会議体を設置し、PDCAの管理サイクルを回すことも一つの手法と考えます。つまり、組織面から言うと鉄道事業本部にとどまらず、監査部はもとより、総合企画本部や新幹線推進本部、総務部、財務部等も巻き込んだコーポレート・ガバナンスの構築が求められるわけです。

　後者の項目に関しては、就業規則の見直しを行い、悪質な改ざんは行政・司法当局に通報・告発等を行うこととしています。就業規則に基づいて処分を行った場合は、その内容を職員に通知し、「コンプライアンス違反は処分される」ということを社員一人ひとりに認識させることにより再発防止に繋げることが重要となります。

　コンプライアンス違反をすれば、今の時代、会社は守ってくれないということを社員一人ひとりが理解し、そういう意識を徹底するよう経営陣が指導することが大切なことです。

(3) JR北海道の再生への期待

　JR北海道がもしなくなったら北海道民の生活そのものが危ぶまれるという事実をJR北海道が驕りとして捉えるか、社会への貢献として捉えるかによって、一度失った信頼を取り戻せるかどうかは決まるのではないかと考えます。

　2011年9月のJR北海道が策定した行動計画と今般の国交省のJR北海道の再生への対応で新たに企画する対応策をコンバージェンスさせて、より高度な対策とし、確実に実行して信頼の回復に繋がることを期待したいと思います。

　「安全はすべてに優先する。」これはJR北海道のみならず、世界中の企業にとって共通なことです。また、内部統制システムを構築・運用し、適法・適正に企

業経営を進めることも同じです。その前提が、コーポレート・ガバナンスを如何に構築するかだと思います。

(4) 10年の歳月を経て

「JR北海道再生推進会議」は2014年6月の第1回から2018年11月の第13回まで開催されました。2014年度の初年度は6回会合を重ねたが、2015年度、2016年度、2017年度は各2回、2018年度は約1年空いて11月に最終の会合を迎え、顧客の安全・従業員の安全・経営の安全の3つを包括的に確保するため、JR北海道自身の自律的行動をするよう要請して、第三者委員による本推進会議は幕を閉じました。

しかしながら、最終回の冒頭、島田社長の挨拶は、最終会合の直前である2018年11月9日に発生した新札幌駅構内で信号機柱が倒れるという重大インシデントの謝罪から始まったことを鑑みると、足掛け5年間のこの第三者委員会での成果は果たしてあったのだろうかと些か疑問を持たざるを得ません。

(5) 総括

現在（2024年8月）、JR北海道のホームページに掲げている経営理念は「①お客様の安全を最優先に取り組みます。②コンプライアンスの徹底をはじめ、企業に求められる社会的責任を果たします。③安心にご利用いただけるサービスを提供し、お客様満足度向上を目指します。(④以下省略)」と「安全」「安心」を優先している姿勢を見せています。

また、「安全の取り組み」には、2011年5月に発生した石勝線の脱線火災事故やその後発生した各種不祥事など、今回本稿で取りあげた事例を枕詞として、取り組みへの決意表明を掲載しています。加えて、2019年4月に公表した「JR北海道グループ長期経営ビジョン 未来2031」では、2031年度におけるJR北海道グループのありたい姿とそのための3つの戦略を謳い、その戦略を実行するための4つの基盤の第一に「あくなき安全の追求」を掲げています。そういう意味では、過去の教訓を生かそうとする姿勢が窺えます。

鉄道事業などの交通公共事業でお客様の安全を第一に考えるのは当たり前ですが、それを安全計画通り実現していただき、不祥事の撲滅に日々努めていただきたいと思います。

4　金銭にまつわる不祥事事例からの考察

　コンプライアンス違反と言えば、暴力沙汰のように刑事罰となりうる事案、根強く発生している金銭着服、独占禁止法違反となる談合、官製談合について回る贈収賄、労働基準法違反となるいわゆるブラック企業のサービス残業、下請法違反となる買いたたきや支払い遅延、法人税法違反となる売上除外による所得隠しや交際費と食料品費の区別など法令に関わるものが挙げられます。また、法令の縛りは必ずしもない事案や法令抵触が限定的な事案も発生しています。最近ではAI・ICT時代におけるサイバーテロや情報漏洩、人権を毀損するセクシャルハラスメントをトップに各種ハラスメント、テレワークが加速する中でのモラルダウンなど、企業におけるコンプライアンス違反も最近では多様化しています。

　ひと昔は何でもないことが、現在ではイエローカードになり、事象によってはいきなりレッドカードになってきており、世の中のコンプライアンスに対する見方は、日毎に厳しくなり、昔の徒弟制度下における教育が、今ではハラスメントと教育の間で揺れ動き、2020年6月には遂にパワーハラスメント防止法、正式には「労働施策の総合的な推進並びに労働者の雇用の安定及び職業生活の充実等に関する法律（労働施策総合推進法）」という法令の施行にまで変化してきました。

　前述の通り、コンプライアンス事案の多様化とともに、法令改正も柔軟に行う必要性に迫られている時代となっています。

　ここでは、私の企業活動を通じて、経験した不祥事事例を参考に金銭や経理処理にまつわる事例を挙げ、内部統制の観点からその要因分析を行い、再発防止策の一つの方法等を企業経験者として考察してみたいと思います。

【事例1：海外事務所資金の横領】
〔発生の事実〕
1) 当該海外事務所（以下「事務所」）の人員は日本から派遣された駐在所長の他、数名の日本人駐在員及び数名の現地採用者で構成された比較的こじんまりした事務所である。

2）事務所の資金は、通常、事務所からの依頼に基づき、本社のある日本の所管部門から資金部門を経由して米ドルで送金し、これを一旦邦銀支店に入れる。その上でこれを現地通貨に転換して、地元の銀行に送金する。その現地通貨を地元銀行から必要に応じて引き出し、事務所の手許資金として使用するという流れである。
3）事務所の秘書が事務所の経費を担当する立場にあり、事務所の収支について本邦に「現地収支報告書」を毎月送付した。
4）今回この秘書が事務所経費の着服を重ね、相当金額を詐取した事案である。

〔発生の手口〕
1）本社のある日本から米ドルで送金を受け、一旦邦銀支店に入れ、これを現地通貨に転換の上、地元の銀行に送金する前に不正に引き落として着服。
2）更に、現金化された事務所資金から抜き取って着服。
3）加えて、現地収支報告書の作成の際、駐在所長には自分が着服した金額を公務で使用したとして取り扱い残高が少額となっている現地の控用の報告書を見せ、駐在所長の承認印を取得。一方、本邦へ送付する現地収支報告書には着服した相当額を残高に加算した金額として作成し、駐在員所長が不在時に勝手に所長印鑑を押印して送付。

〔発覚と発生の動機〕
1）本邦で現地収支報告書をチェックの際、現金残高が異常に多額であったため、現地に問い合わせて、本邦送付の収支報告書と現地保管の収支報告書が不一致であることが判明して発覚。
2）発生の動機は、一部を株式投資に回し、また大半を恋人の経営する店舗の資金として提供。

〔原因〕
1）現地サイドで毎月、収支報告書の前月からの繋がりをチェックしていなかったこと。
2）駐在所長がBank Statementを都度取り寄せて照合していなかったこと。
3）現地サイドで承認する印鑑が不在時でも押印可能となっていたこと。
4）本邦サイドでも収支報告書の残高が相当金額あるにもかかわらず、理由も確認せずに、現地からの要請通りに送金を許可し続けていたこと。

〔潜在的なリスク〕
1) 少人数の事務所では駐在所長も営業マンとして飛び回り、管理系の業務（会計や総務など）は現地のスタッフに任せきりになりがちとなる。
2) 駐在員は営業経験者が多く、長としての管理のポイントもわからないまま派遣されることが多い。
3) 駐在員は現地の生活習慣や言語、通貨など異なる文化に不慣れである。
4) 本邦サイドでも書面上だけの形式的なチェックに陥りやすい。

〔内部統制システムの面から見た対応策等の考察〕
1) 派遣前教育を教育制度として確立する。
2) 派遣前教育のプログラムに経理教育を組み込み、駐在員の長としてKeyとなる「前月残高の確認」「当月現金残高のBank Statementとの確認」「当月支出の証憑類との照合」「当月支出のうち特に高額なものは現物等の確認」などを教育する。
3) 現地の印鑑に関しては、それが駐在所長の意思決定を示すものなので、必ず自ら押印することとし、信頼のおけると判断できる配下でも預けない。自分が不在の際に決裁が滞ることが懸念される場合は、代行者を任命し、その者に決裁させ、結果を報告させるというルールを明確にしておく。
4) 駐在所長交代の際には、前任者との引継ぎ事項として、金庫の中身、現預金は実査し、相互確認した上で引き継ぐ。
5) 駐在所長は特に金銭管理をしている業務に関して時折自ら監査を行う。
6) 本邦サイドからも業務監査を行うなど外部の目を入れる。

〔その他〕
1) 今回の秘書は入社2年目から犯行に着手しており、発覚までの7年間続いた。
2) 駐在所長をはじめ本邦からの派遣駐在員は、現地採用職員とのコミュニケーションを取り、交友関係や外部からの電話等にも気を付けることが必要である。
3) 当事者である秘書は懲戒処分とし、着服した金額については弁済契約を締結し、最終的には全額弁済された。相当の年数を要した。また、歴代の駐在所長も懲戒処分となった。

第3章　企業の社会的責任とコーポレート・ガバナンスの実情について

【事例2：証憑類の悪質な偽造による金品の詐取】
〔発生の事実〕
1) ある部門に所属する庶務の経験の長い社員（以下「当該社員」と称す）が歴代の上司が技術者であり、予算管理に注意を払わず、当該社員に経費処理を任せきりにしていた。
2) 長年のこうした杜撰な管理状況に付け込んで、当該社員が、各種手口を駆使し、経費の着服を重ね、相当金額を詐取した事案である。

〔発生の手口〕
1) 架空の銀行口座を開設し架空の請求書に基づき当該口座に振り込み着服。
2) 偽造の領収書を作成しそれに基づき立替払いとして出金し着服。
3) 正規の振り込み後、領収書を入手し、それに基づき同じ講習会参加費を出金し着服。
4) 私用で入手した領収書をあたかも社用の領収書と同様に出金し着服。
5) 領収書の金額を書き替えて金額を水増しして出金し着服。
　〔例：¥10,000→¥70,000　or　¥98,000→¥198,000〕
6) 出金処理するためには上司である所属長もしくは同等以上職位の役職者の日付入り職印を偽造して使用。

〔発覚と発生の動機〕
1) 東京国税局の税務調査の際、クリーニング代支払先への反面調査時、その支払先が存在しないことが判明したため、会社経理部門に確認依頼があり、確認の結果、不正の事実が判明。
2) 犯行は本人の意志で計画的に実施し、個人的な用途に使用。
3) 当初は少額であったが、特に追及もないことから、徐々に金額も多額となり、高額着服に至った。

〔原因〕
1) 上司が予算管理に対して意識が低かったこととマネージメント能力に欠けていたこと。
2) 取引先の口座設定の仮設定が容易に可能な仕組みであったこと。
3) 立替払いが容易に行える仕組みであったこと。
4) 立替払いが多いとの指摘が当該部門からの支払い手続きをチェックする管

79

理部門から出ていたが、当該社員（本人）が当該部門の窓口であり、摘要理由に極端に違和感のある記述がなかったことと所属長の職印が押印されていたことから、それ以上の追求はせずに支払いを行っていたこと。

〔潜在的なリスク〕
1) 経験の浅い上司は当該社員に頼りがちとなる。信頼関係を事実確認より優先させる。
2) 上司となる際のマネージメント教育が浸透していない。また、十分なマネージメントに対する理解が得られていない。
3) 個人のお金であれば節約を優先するものの、会社のお金に関しては、与えられた予算に限りがあり、如何に有効に使うかを考えず、社金は湯水の如く使いがちである。

〔内部統制システムの面から見た対応策等の考察〕
1) 出金処理を伴う現金の取り扱い機会を極力減少させ、振り込み処理などシステム化し人間が極力関与しない仕組みを確立する。止むを得ず、出金処理が必要となる場合は理由書を添付するなどの特例処理を明確にする。
2) 部門の業務監査において予算消化状況の確認や関係証憑との照合を行うなど牽制の仕組みを確立する。
3) 支払い手続きをチェックする管理部門のアラームは出ていたが、結果的に生きなかった。依頼ルートを工夫するか、担当者ベースへの依頼ではなく、社の予算管理フォローとして確立し、上司も動かざるを得ない仕組みを確立し、PDCAの管理サイクルを回す。
4) 金銭処理が伴う業務は特に一人の社員に長く担当させず、適度な期間でローテーションするといった人員配置をする。

〔その他〕
1) 本事案は結果的に発覚までの7年間続いた。
2) 近年はこうした庶務業務は社員自らが従事するのではなく、コストパフォーマンスを考慮し、派遣社員に委託するケース、即ち、社員には極力高付加価値業務に従事させ、定例業務は外部委託するケースが増えている。このため、金銭管理はこの業務範囲から外し、極力社員が直接関与するような仕組みが必要となる。

3）当事者である当該社員は懲戒処分とし、着服した金額については弁済契約を締結し、一部は一括返済し、残金は長期間に亘り分割返済とし、最終的には全額弁済された。相当の年数を要した。また、着服期間の上司も懲戒処分となった。

【事例3：出張者が交通費及び宿泊代金の虚偽申請を行い、旅費を不正に受給】
〔発生の事実〕
1）国内現地工事への出張に際して、私有自家用車で出張していながら、公共交通機関を利用したとして精算を行い、交通費を不正に受給した。
2）また、同出張に際して、日帰りしていながら宿泊したとして精算し、宿泊料と日当を不正に受給した。
〔発生の手口〕
1）公共交通機関の利用には特急券や航空券の発行を伴う領収書は旅費の精算処理には必須であったが、地下鉄や近距離の乗車券等は領収書取得の手間等を考慮して自己申告のみを容認。
2）宿泊代は市販の領収書を購入し、時々、使用していた顔なじみの民宿名で偽造して作成。
〔発覚と発生の動機〕
1）投書によって事実が発覚した。
2）投書を受けたコンプライアンス部門が調査を行い、当該出張者複数にヒアリングしたところ私有自家用車を利用していたこと、また一部の出張者はその私有自家用車に便乗していたことが判明した。
3）精算した旅費や宿泊代を出張者本人の私的利用目的の費用に充当していた。
〔原因〕
1）この現地は長年定期的に工事のある場所であり、この手口が慣習として引き継がれていたものである。「みんながそうしている。」といった安易な感覚で行ったものである。
2）当該現地は実際に交通・宿泊の便は決して良いとは言えず、私有自家用車の方が突発対応や工具の持参には便利で仕事優先、客先優先で自然発生的にそういう慣習が生まれたものである。ルール上、安全の観点から私有自

家用車の利用が認められていなかったので、公共交通機関利用と申請せざるを得なかった。
3) 現地での作業が長引き、終業が遅くなった場合は宿泊すべきであったが、私有自家用車であったため、実態は日帰りしたが、「宿泊」と旅費申請をしたものである。

〔潜在的なリスク〕
1) 実態が利便性の面から無理があるにも拘らず、公共交通機関の利用のみを認めていたというルールそのものが守れないルールであった。
2) 長年の慣習が一人ひとりの倫理観を麻痺させた可能性がある。

〔内部統制システムの面から見た対応策等の考察〕
1) ルールが守りにくい環境下で、守れないルールを強要したことが要因の一つであるので、例外処理を明確にし、ルールとして文書化することが必要である。
2) そして、そのルール通りに行われているかどうかを、内部監査等を活用してモニタリングすることが重要である。
つまり、最も重要なことは、ルールと運用が合致することである。
3) こうした事象が発覚した場合は、他の現地でも類似の行為が行われていないか点検・確認し、同様の対策を水平展開する。
4) 長年継続されてきたということは、そういう風土が確立されているということであるので、その風土を改革する対応も必要となる。

〔その他〕
1) 私有自家用車の利用に際しては、安全上から、利用ルールを策定する必要がある。また、守れるルールとすることが重要である。
2) 交通費の不正受給は、ガソリン代金との差額分というごく僅少の金額の搾取になる。目先の金額に惑わされて、不適正な処理を行うことは当該会社で汚点を残すことと天秤にかけて、冷静に考え、適正な処理を選択すべきである。
3) ルールが守りにくい環境下であれば、ルールを所管している部門にルールを見直すよう要請する勇気も必要である。

【事例4：役員の不適正処理】
〔発生の事実〕
1）子会社の社長と取締役が夫婦で海外旅行し、これを会社の費用で処理をした。
2）翌年に今度は同社の常務取締役がやはり夫婦で海外旅行し、同様に会社費用で処理をした。
3）一連の行動は、社長が言い出したものである。

〔発生の手口〕
1）いずれも「客先案内」と詐称して、交際費にて処理。

〔発覚と発生の動機〕
1）国税の源泉課税調査時、常務取締役の海外旅費の調査において、その内容が常務取締役夫妻の海外旅行費用であったことが判明し、個人所得税として課税すべきとの指摘を受けて、個人所得税と不納付加算税が追徴された。
2）同様の事例の有無を社内調査した結果、社長と取締役がそれぞれ夫婦で海外旅行費用を処理していたことが判明したため、同様の措置が取られた。
3）なお、いずれも「客先案内」と詐称して、社内処理としては交際費処理していたため、法人税課税上の問題はなかった。

〔原因〕
1）経営者自身の倫理観が欠落していた。
2）コンプライアンス意識を全く持ち合わせていなかった。
3）親会社に子会社の経営者人選に際しての見る目がなかった。

〔潜在的なリスク〕
1）経営陣の行動に誰も疑問を持たないほど社員等とのコミュニケーションが不足していた。
2）経営陣の指示等が絶対だという風土があった。トップに言い返せるような雰囲気がなかった。

〔内部統制システムの面から見た対応策等の考察〕
1）経営者が意図的に不正を働いた場合は、内部統制で防ぐには限界がある。
2）経営者層の育成・教育に際しては、自社のプログラムとしても倫理観の醸成、コンプライアンスやリスクマネージメントなどの教育が必須である。
3）加えて、親会社による教育と定期的な監査が必要である。

4）親会社の任命責任もある。
5）社員も経営層からコンプライアンスやリスクマネージメントなどの内部統制に係る発信がない場合は疑問に思い、親会社の投書窓口などを活用して、顕在化を図るべきであり、そうした教育も必要である。

〔その他〕
1）役員がそれぞれ費消した金額は全額弁済した。
2）本事案発覚時、役員退任後顧問職に就いていた者も解職となった。

以上金銭にまつわる不祥事事例を4つ挙げて考察しました。

5　多様化するコンプライアンスとこれからの取り組み姿勢

　金銭以外でも最近では、建設業における2024年問題（働き方改革関連法）がスタートし、話題になりがちですが、サービス残業などがまたクローズアップされる可能性が出てきます。

　2024年問題は、時間外労働の上限が設けられるというものですので、総労働時間が短縮されると、本来、その分は業務そのものを見直して減少させなければなりません。

　しかし、かつてと同じように、会社でできない分を自宅に持ち帰り、処理するという事象に陥ることが懸念されます。

　最近の労働時間管理は、労働基準監督署の指導もあり、適正に労働していることを客観的に証明することが企業側に求められるため、入退場時刻やパソコンのon/offの時間と申告勤怠時間との突合せをしている企業が多くあります。そうした状況下で、切羽詰まった社員は何をするかというと、自宅のパソコンにデータを送り、作業するということになります。

　内部統制上、対価を伴わないいわゆるサービス残業という法令違反のみならず、会社のデータを自宅のパソコンに送るというデータがウィルス等に侵され、データが流出したり、破壊されたりする情報セキュリティの面からもリスクを負うことになります。

　加えて、新型コロナウィルスの発症によりテレワークや在宅勤務など働く場所に捉われない風土が確立されてきており、上司の目が日常的に届きにくい状

況が近年形成されてきています。社員が自宅で何をしているのかを十分に把握できる仕組みが整っている企業は極めて少ないのではないかと推察します。これはサービス残業の温床になりかねません。上司の目が届きにくいという点では、別の課題もあります。社員の適切かつ公平な人事評価が何をもって行われるのが良いのかという点です。これについては、本稿とはポイントが異なりますので、別の機会があれば論じてみたいと思います。

さて、このように、コンプライアンス違反は時代とともに変容し、従業員のためを思って制定する法令が返ってネックになってしまう企業もあります。もちろん、ネックにならないよう、業務プロセスを常に見直すことが企業には求められ、そうしたことを研究、検討する部署やそうした業務にリソースを投入する企業に変わっていくことがこれからの企業には求められていくと考えます。

企業にとってコンプライアンス違反は、企業の評価を貶めるだけではなく、そこで働く社員自身のモチベーションにも多大な影響をもたらしますので、一定の予算と人的リソースを投入することが今後は求められます。

そして、最も重要なことは、社員一人ひとりがコンプライアンス意識を常に持って企業活動に臨むことができるよう繰り返し教育することです。

コンプライアンス違反を防ぐ一つの教本として、「三菱重工グループグローバル行動基準」を紹介いたします。

この教本は、独占禁止法や財務開示などテーマ毎に行動基準を規定していますが、基本行動が実にわかりやすいと思います。

（三菱重工業㈱の公式ホームページで開示していますので、閲覧が可能です。）
「ある特定の場面において、何が正しい行動かよく分からない場合には、社員は次の質問に自問自答してみて下さい。」というもので、
・合法だろうか
・この行動基準や会社の方針に合致しているだろうか
・上司はこのことに気付いているだろうか
・適任者を巻き込んでいるだろうか
・上司に自分のやったことを堂々と話せるだろうか
・第三者や規制当局に自分のやったことを堂々と話せるだろうか
・家族や友人に自分のやったことを堂々と話せるだろうか

・このことを知ったら、お客様はどう感じるだろうか
・このことを知ったら、家族や友人はどう感じるだろうか
・もし、このことが新聞紙上に載った場合、自分はどう感じるだろうか
です。
　コンプライアンス違反をしないための基本姿勢だと思います。特に家族や友人に胸を張って生きていると言える自分になれと言われているようで力が湧いてきます。
　また、「自分や他の人が、次のような表現をする場合には、一線を越えこの行動基準に抵触する危険がありますので、注意して下さい。」と述べて、以下の状況を記載しています。
・今回一回だけであれば
・誰も知る必要のない話
・みんなやっている
・とやかくいうな
・ときには見て見ぬふりをしないと
・決め事を全部守っていたら、効率が悪いし、目標値も達成できない
・この業界ではこうやってきた
です。
　これも、誰もが耳にしたことのある言葉だと思います。こうしてみると、ここに挙げた言葉を意識した行動をとることだけでコンプライアンス違反が防止できるというのに改めて気付かされませんか。
　コンプライアンスは一人ひとりの意識の問題ともいわれます。企業としてその意識を全員どこまで浸透させるかがとても重要なことだと思います。
　コンプライアンス意識浸透度を調査する手法もあります。企業はありとあらゆる手段を模索してコンプライアンス違反の撲滅に取り組んでいることは明白です。
　では、なぜ、コンプライアンス違反は繰り返されるのか、それは、トップのコンプライアンス・リーダ・シップに係っていると言っても過言ではありません。
　企業のトップがどれだけ強くコンプライアンスを意識するかが明暗を分けると言えます。

Ⅲ　リスクマネージメント

　本論では、前述の通りコンプライアンスを主体に論じました。内部統制のもう一つの柱と考えるのは「リスクマネージメント」です。詳細は機会があれば、別途論じますが、簡単に、リスクマネージメントについても言及しておきます。
　コンプライアンス違反などの不祥事を回避するのも重要なリスクマネージメントですが、2020年にこれまでの生活様式を一変させることになった新型コロナウィルスへの対応も企業としては、マネージメントすべき重要なリスクです。
　企業にとってのリスクは他にもさまざまあります。
　カントリーリスクは特に受注時に気にすべきリスクですし、結果としてリスクが発生することは大いにあり得ますが、そのリスクを認識した上で取締役会やそれに準じる社内機関にて意思決定をすれば、経営判断の原則に基づくことになり、善管注意義務違反や忠実義務違反に問われるリスクは極小化できます。
　為替リスクは、為替予約という手段でリスクそのものの回避は可能ですが、果たして、いつのタイミングで予約することが最もメリットが大きいかという判断は難しいものです。そういう意味では、カントリーリスク同様、企業自らがコントロールできないリスクと言えます。
　売上が減少する、コストが悪化するというのが企業にとって日常的に直面するリスクです。即ち、利益が毀損されるリスクということです。もちろん、戦略的に一過性のマイナスはあり得ます。しかし、企業はこの利益の毀損を極小化する、いやむしろ利益を拡大するためにリスクを洗い出し、その対策を講じ、時には走りながら各種施策を展開しているのが実情ではないでしょうか。
　顕在化したリスクは対策を打てます。効き目がなければ第二、第三の手段を考えて実行すればよいのですが、難しいのは、潜在リスクが顕在化した直後の対応です。対応が遅れればそれだけリスクは拡大し、場合によっては被害が致命的になりかねません。中でも、最も難しいのは、潜在リスクが顕在化しないように予防することです。潜在しているので、何がリスクなのかは明確ではありません。そうした状況下で対策を講じるのですから、潜在リスクに対する感度を養うことが必要となります。そのためには、世の中、同業他社、客先等関

係者の動きを読み取る力、聴き取る力、そして、それをリスクに結び付ける柔軟な発想と、同時にその対策案を生み出す知恵と創造力が必要となります。

Ⅳ　まとめ

　企業は会社法に基づき、それぞれの事業や規模に見合った工夫を重ね、より一層のコーポレート・ガバナンスの整備・強化に努めています。そのコーポレート・ガバナンスが適正に整備され、的確に運用されているかは、内部監査部門や社外役員、監査役や会計士等によってモニタリングされ、指摘等を通じて質の向上に繋げています。

　企業は知恵を出し合い、内部統制システムの質の向上に日々取り組んでいますが、残念ながら、企業における不祥事は後を絶ちません。2023年秋、ダイハツの不祥事が話題になり批判を浴びていました。あのトヨタですら、日野自動車、自動織機、そして今回のダイハツとグループでの不祥事が相次いで発生し、そして、2024年にはついにトヨタ本体においても不祥事が明るみに出ました。

　各企業はこうした不祥事を他山の石として、内部統制のさらなる質の向上に繋げていかなくてはなりません。

　不祥事は二度と起こさないという姿勢こそが、企業が社会的責任を果たしていると言えるのではないでしょうか。

　そのため、企業はそれぞれの事業規模や体制を限られたリソースで工面しながら、コンプライアンスを守らせる側と守る側が一枚岩になって、あらゆる手段にトライしているのが実情であります。

　政府においても少し前に話題となった税金を原資とする領収書なしで許容され、非課税扱いとなっている「文通費」は、企業にとっては到底考えられない仕組みであり、政府には襟を正してもらいたいと思いますが、話題になったあとは報道すらされておらず、結局、何の解決もされていない状況ではないでしょうか。

　三権分立で立法権の国会、行政権の内閣、司法権の裁判所、それぞれ独立した機関が相互に抑制し均衡を保ち、国家権力の濫用を防止し、国民の権利と自由を保証する仕組みですが、とても民間に範を示せる状況にないと言わざるを

第3章　企業の社会的責任とコーポレート・ガバナンスの実情について

得ないと感じます。

　今次、おおいに話題となっている自民党派閥の政治資金問題も岸田首相は人事対応（更迭）を進めましたが、本来は何故そう言う事象が起き、何に使われたのかを明らかにし、不適切であった根拠やその原因を追究し、再発防止策を国民に対して示すべきです。その再発防止策の一つに更迭人事という処分が付いて回るものと考えます。今行っているのは本末転倒であり、民間企業なら株主からは許されない手法です。説明責任という言葉を政治家の方はよく使いますが、今こそそれを果たしていただきたい。

　この声が聞こえたわけではありませんが、改正政治資金規正法が2024年6月に公布されました。ただ、施行日は再来年の2026年1月1日と先送りになっています。また、領収書の公開は10年後というように先送りとしており、実際にどれほどの効果が上がるのかは、疑問視せざるを得ません。民間で同様の対応をすると、おそらく関係省庁からは実効性のある見直しをすべきと指摘されるはずです。率先垂範して見直すのが本来ではないでしょうか。

　挙句の果て、岸田首相は9月末の自民党総裁選への不出馬を表明し、その理由の一つにに"自らけじめを付ける"をあげています。首相退任で"けじめを付ける"と言っていますが、結局は、自分は身を引いて、裏金問題の事実は詳らかにならないままとなりそうです。

　企業の社員にあたるのが国では国会議員であり地方議員です。彼ら一人ひとりがコンプライアンス意識を持って、やるべき業務を遂行してもらいたい。民間企業に対して法の名のもとに、さまざまな新たな開示を求めたり、強制したりすることは、政府自らがまず行うべきことではないでしょうか。会社法も法務省が所管しているわけで、そこの規程類は民間企業にばかり強いるのではなく、政府も自ら実践すべきではないでしょうか。

　政府の内部統制はいったいどうなっているのか、民間企業には懲戒処分がありますが、政府機関にもあってよいのではないでしょうか。それぐらいの危機感をもって重要な責任を全うしていただきたいと強く願いながら、本論文を終わりとさせていただきます。

以上

第4章
Ｍ＆Ａにおける株主意思の尊重とその限界
　　──十分な情報の欠如および強圧性の問題を中心として

柳　　明　昌

Ⅰ　はじめに

1　問題提起

　買収防衛策の適法性やMBOの公正性をめぐる議論では、株主の合理的な意思に依拠すべきことや株主意思を重視すべきことが確認され[1]、Ｍ＆Ａの世界において「株主意思の原則」が重要であると認識されている。最新の「企業買収における行動指針─企業価値の向上と株主利益の確保に向けて」（（2023年8月31日）、以下、企業買収行動指針または同指針）は、会社支配権に関わる事項について、原則として、株主の合理的な意思に依拠すべきである（第2原則：株主意思の原則）とするが、2005年買収防衛指針（「原則2　株主意思の原則」）とは対照的に、買収防衛策の正当化根拠としてのみならず、支配権の異動をめぐる判断主体としての役割を期待し、株主による積極的な承認を求める内容となっている[2]。

---

[1]　経済産業省・法務省「企業価値・株主共同の利益の確保又は向上のための買収防衛策に関する指針」（2005年5月27日）（以下、2005年買収防衛指針）、経済産業省「企業価値の向上又は公正な手続確保のための経営者による企業買収（MBO）に関する指針」（平成19年9月4日）、同「公正なＭ＆Ａの在り方に関する指針─企業価値の向上と株主利益の確保に向けて─」（2019年6月28日）（以下、公正なＭ＆Ａ指針）等参照。
[2]　この点について、星明男「「企業買収における行動指針」の検討─指針の支配権市場観と株主意思の原則の再定位─」商事法務2339号（2023）29頁、31頁～32頁、藤田友敬「「企業買収における行動指針」の意義」ジュリスト1592号（2024）14頁、17頁～18頁参照。なお、

同指針は、M&Aにおける株主意思は、通常、公開買付けへの応募等を通じて株主の判断を得る形で行われるものとする一方、公開買付規制の制度的な枠組みでは十分に対処できない例外的かつ限定的な場合に、会社の発意で対応方針や対抗措置の賛否をめぐって、株主総会における株主の合理的な意思を確認することが基本となるとする[3]。同指針によれば、株主総会における議決権行使による株主の合理的な意思確認の方法はより限定的な位置づけとなる[4]。また、2024年金商法改正によって立会内取引も公開買付けの適用対象とされ（金融商品取引法27条の2第1項）、一定程度強圧性への対処がなされたため、買収防衛策の必要性を株主意思確認（MoM）で判断することが認められるかが改めて疑問となる[5]。さらに、従来あまり議論されてこなかったが、M&A取引ではなぜ株主総会の決議が重視されるのか、その根拠ははっきりしないという根本的な問題がある[6]。このように株主総会の議決権行使が正当化されるべき根拠や範囲をめぐってなお議論の余地があるものの、それが求められる場合

　第3原則（透明性の原則（情報提供））は第2原則を実現するための手段であり（両原則の関係は並列ではない）（加藤貴仁「企業買収行動指針における3原則」法学教室528号（2024）29頁、34頁参照）、さらに両原則は第1原則を実現する前提として求められる（企業買収行動指針2.2.3）。
(3)　企業買収行動指針2.2.3（11頁～12頁）、「5.2　株主意思の尊重」参照。
(4)　この点について、松中学「「企業買収行動指針」の理論的検討(2)」ジュリスト1592号（2024）29頁～31頁、加藤・前掲注(2)35頁～36頁。また、買収の過程で取締役会にどの程度介入を認めるかによって、株主意思原則をどの程度徹底すべきか変わりうる旨の指摘として、行岡睦彦「買収をめぐる対象会社の取締役の行為規範」商事法務2367号（2024）22頁参照。
(5)　葉玉匡美「公開買付制度等の改正が買収防衛策に与える影響」MARR 353号（2024）39頁～40頁参照。
(6)　See Frank H. Easterbrook & Daniel R. Fishel, Voting in Corporate Law, 26 J. L. & Econ. 395, 415 (1983)（そのルールが長く存在してきたことが効率性を証明するという）。クロージングまでのスピードと取引成立の確実性が求められるM&Aの世界では、株主総会の承認決議は絶対的な信条ではなく、もはや承認決議なしに現金対価で株主を締め出すことはできないという考え方は真実ではないと評される。See Matteo Gatti, Reconsidering the Merger Process: Approval Patterns, Timeline, and Shareholders' Role, 69 Hastings L.J. 835, 844-846(2018). すでにわが国では略式再編や簡易再編が認められるし、デラウェア州会社法では、トップアップオプションを利用したshort-form merger（二段階買収）に代えて「medium-form merger」（買収者が第一段階目の公開買付けによって合併合意の承認に必要な対象会社の株式を取得したならば、第二段階目の承認決議は不要となり（See Del. Gen. Corp. Law §251(h)(2013))、現実の議決権行使は求められない）が制度化されている。

に株主の合理的な意思といえる条件を明らかにする必要がある。

　従来、買収防衛策の適法性をめぐる株主意思確認総会のいわゆる勧告的決議[7]が議論の中心であったが、M＆Aが組織再編（決議事項）の方法で行われるとき株主総会の特別決議（会社法467条1項・783条1項等）の形でも株主の意思が反映される。法律上の株主総会決議であるかを問わず、株主総会における議決権行使を通じた株主意思の確認について次のような点が問題となる。

　第1に、そもそも株主意思の確認対象は何かである。従来の判例を見る限り、事案ごとに何を確認の対象とするかは一様ではない。株主総会の決議事項についてはともかく、株主意思確認総会の勧告的決議では、何を議題・議案とすべきか、決議に至る手続として何が要求されるかは明確ではない。しかし、確認対象が明確にならないと、株主が真に賛成（反対）したかを問うことはできないし、その性質論や法的効果を論じることは難しくなる。

　第2に、M＆Aにおいて株主意思の尊重がなぜ正当化されるかである。判例・学説において、最終的な利害関係者あるいは会社の利益の帰属主体であることが指摘されてきた。周知の通り、ブルドックソース事件決定（後掲Ⅱ1(2)(b)）が代表的であり、その後の裁判例において引用されることが少なくない。しかし、原理的には、第1の問題（株主が判断する対象は何か）とも関係するが、企業価値に関する判断権限の分配として、買収防衛は利益相反の問題と位置づけ、経営陣を一律に排除することに疑義が呈される[8]。また、あるべきコーポレート・ガバナンスは資本市場のプレーヤーに期待される役割と相関的に決められる面があり、その時々のマーケットにおける株主構成の変化（機関投資家の増大）を踏まえた考察が求められる。株主に期待できる役割が大きくなれば、裁判所の司法審査よりも株主意思を重視したガバナンスが支持されやすくなる。

　第3に、株主意思の尊重（原則）の法的効果は何かである。わが国では、従来、いわゆる勧告的決議を含む株主総会の決議は買収防衛策の導入・発動の有

---

[7] 会社法295条に規定する株主総会の権限に属さない事項について審議をする総会（株主意思確認総会と呼ばれる）における決議を意味する。神田秀樹「株主意思確認総会をめぐる近年の動向」MARR 332号(2022)37頁等参照。
[8] この点について、石綿学＝武井一浩＝三苫裕＝神田秀樹「［座談会］M＆A法制の実務と未来を展望する―「同意なき買収」を巡る諸論点と公正なM＆A市場の形成に向けて」MARR 341号(2023)8頁、16頁、22頁［武井発言］（以下、石綿ほか・座談会）参照。

効性・適法性を基礎づけるものと位置づけられてきたが、さらに、それ以外の場面において、例えば株主総会の特別決議で組織再編が承認された場合に、損害賠償請求訴訟において取締役の義務違反・責任を免除する効果や立証（疎明）責任を転換する効果[9]を認めることはできないかが問題となる。

　第4に、本稿において最も重要な課題と考えるのが、株主意思の尊重の限界を正しく見出すことである。「株主意思の原則」を錦の御旗とすると、株主意思の尊重の限界が見えにくくなる。現実問題として、株主意思の原則は想定通り機能するか、また同原則の前提条件は何かを確認する必要がある。従来、主に公開買付けへの応募の場面を想定し、充実した情報開示を前提に、主として強圧性の問題[10]とその対処方法が議論されてきた。強圧性によって株主の意思が歪められる問題を解消するため、買収の是非を問う形で株主総会の決議（勧告的決議）の方法で株主の意思を確認することの合理性が指摘される[11]が、株主総会の決議の方法が、公開買付けへの応募に比べて常に望ましいわけではなく[12]、株主総会の決議でも強圧性の問題があると指摘される[13]。最近では、株主総会の判断が歪められる可能性があることを指摘し、その判断を尊重するための前提条件を個々の事案において慎重に検討する必要があるとの指摘[14]、あるいは現在の買収防衛策の構造上、対抗措置発動の是非を株主に判断させた場合に、買収の是非とは異なる株主の利得計算により、株主が発動に賛成票を投じてしまう危険性を内包する問題が指摘され、企業買収行動指針における「株

(9) この点、防衛策の必要性について株主総会決議があれば対抗策の必要性（企業価値を毀損）を事実上推定（疎明責任を転換）する効果が指摘される。石綿ほか・座談会・注(8)12頁［神田発言］参照。
(10) 一般に、強圧性とは、買収提案を受けた株主が買付価格に不満があっても、自分以外の株主が応募してしまう結果として買収が成立し、自分だけが少数株主として残され、または買収後に買取価格と同様な価格での買取りが予定されないことを恐れ、不本意ながら買収に応募してしまう状況（いわゆる「売り圧力」）である。
(11) この点について、飯田秀総『企業買収法の課題』（有斐閣、2022）25頁以下、白井正和「近時の裁判例を踏まえた買収防衛策の有効性に関する判例法理の展開」民商法雑誌158巻2号(2022)283頁、291頁、山下徹哉「市場内取引による支配権取得・株主意思確認・MoM要件—東京機械製作所事件」ジュリスト1572号(2022)96頁、石綿ほか・座談会・前掲注(8)23頁［石綿発言］参照。
(12) 買収行動指針（別紙3）50頁注89参照。
(13) 石綿ほか・座談会・前掲注(8)20頁［神田発言］。具体的にいかなる状況かは明示されていない。
(14) 白井・前掲注(11)293頁～295頁参照。

主意思の原則」の重要な位置づけにかんがみて、株主の意思決定の適正化を図るべく具体的な指針を定めるべきではなかったかとの提言がされる[15]。本稿では、株主意思の尊重の限界、とりわけ株主総会における議決権行使（投票）に伴う限界をより具体化することを試みる。

2 本稿におけるアプローチ

本稿では、デラウェア州の判例、すなわち*Corwin*判決[16]とその前後における判例および学説の議論を分析の素材とする。*Corwin*判決は、十分な情報に基づき、強圧性のない状態で多数の非利害関係株主の承認が得られれば、取締役の責任を判断するための審査基準の緩和を認めるものであり、米国において30年来形成されてきた判例法理、つまりユノカル基準・レブロン基準[17]を転換させるものと評価する向きもあり、米国のM＆Aにおける取締役の行為規範・責任の評価規範を考えるにあたり重要な意義を有する。本稿では、株主意思の尊重とはどういうことか、その確認にいかなる効果が認められるか、その限界をどこに見出すか（株主総会の決議における株主の議決権行使（投票）における「情報提供」のあり方や「強圧性」の内容）について、示唆を得ることを目的とする[18]。

---

[15] この点について、星・前掲注(2)32頁～35頁参照。
[16] See *Corwin v KKR Fin. Holdings LLC*, 125 A.3d 304（Del. 2015）.
[17] See *Unocal Corp. v. Mesa Petroleum*, 493 A.2d 946（Del.1985）& *Revlon, Inc. v. MacAndrews Forbes Holdings, Inc.*, 506 A.2d 173（Del.1986）.
[18] 本稿での検討対象となるCorwin判決を紹介・分析する先行業績として、石田眞得「米国会社法判例の最近の状況―MFW判決およびCorwin判決を中心に」商事法務2146号(2017)18頁、古川朋雄「合併に関する取締役の責任追及訴訟における審査基準の決定」商事法務2159号(2018)66頁、板持研吾「（デラウェア会社判例理解のための手続法的基礎）ディスカバリー段階(2)―例解」商事法務2218号(2019)62頁、63頁がある。わが国の問題を意識しつつ同判決を分析するものとして、古川朋雄「買収対象会社取締役に対する責任追及訴訟におけるデラウェア州の判断枠組み(1)(2)(3・完)」大阪府立大学経済研究第63巻1・2・3・4号39頁以下(2018)、64巻1・2・3・4号41頁以下(2019)、65巻1・2・3・4号17頁以下(2020)（以下、「デラウェア州の判断枠組み」）、飯田・前掲注(11)第3章第2節を参照。

Ⅱ　M＆Aにおける株主意思の尊重

1　わが国における議論

(1) 指針

2005年買収防衛指針から最新の企業買収行動指針に至るまで、「株主意思の原則」が重要な位置づけを与えられる。すなわち、公開買付けは、株主が自己の判断で買収提案に応じる形で株主の意思を反映する手段であり、十分な情報に基づく株主の適切な判断機会の確保が求められ、また買収防衛策や会社の経営支配権に関する事項については、原則として、株主の合理的な意思に依拠すべきであるとされる（2005年買収防衛指針（原則2）、2007年MBO指針、2019年公正なM＆A指針、企業買収行動指針（第2原則））。ただ、企業買収行動指針では、株主意思の尊重は、公開買付けへの応募等を通じた株主の判断を得ることが通常の形であり、公開買付規制などの制度的な枠組みによる対応では十分ではないと考えられる例外的かつ限定的な場合に、会社の発意で買収への対応方針・対抗措置を用いるときに株主総会における合理的な意思を確認することが基本となる（前掲Ⅰ1参照）。そして、対応方針の導入あるいは対抗措置の発動について株主総会の決議を得る場合、会社の利益の帰属主体である株主の合理的意思に依拠するものであり、適法性について緩やかな審査基準により判断され、あるいは原則として対抗措置の必要性が推認される[19]。

(2) 学説および判例

(a) 学説

学説上、株主総会の承認決議を要する場合に決議の効力を生じさせる以外にいかなる効果が認められるかについてあまり問題意識がもたれなかった。代表的な見解[20]によれば、合併比率を定めた合併契約書が株主総会決議で承認されたならば、その決議は適法有効であって（したがって、合併無効の原因もな

---

(19)　企業買収行動指針（別紙3）43頁〜44頁参照。
(20)　上柳克郎「合併」『会社法・手形法論集』（有斐閣、1980)149頁〜150頁。また、飯田・前掲注(11)186頁〜187頁参照。

く、取締役の責任問題も生ぜず)、反対株主は株式買取請求権によって保護されるのみであるというのも一つの解釈であろう（ただし、従来、学説でこのように明言するものは見あたらないし、また特別決議による多数決にそれほどに重大な効果を認めることにはにわかに賛成しがたい）と説かれる。取締役の責任免除・責任制限の要件を満たす限りで免責を認めるというのが一般的な理解である。

その後、いわゆる勧告的決議をめぐる議論の登場を経て、決議事項ではない事項に係る総会決議に買収防衛策の適法性の基礎づけといった効果が認められるようになり、勧告的決議の性質・効力が議論される。従来の議論では、安易に取締役の免責を認めることにつながる点が強調された[21]が、最近では、勧告的決議について、単なる株主意向調査アンケートと捉えるのみならず、多数の株主の賛否の意思表示が取締役の善管注意義務違反の有無の認定に与える事実上の効果（拘束力）を正面から認める見解[22]が主張される。また、最近の裁判例の採用する買収防衛策の差止めや価格決定の判断枠組みに準じて、対象会社取締役の実務上の行為規範や裁判所による判断を回避する条件を見出す方向性を支持する見解[23]がある。

(b) 判例

わが国の裁判例は、株主意思の存在が、主として買収防衛策の適法性、さらに取引条件・価格の公正性や取締役の責任の有無に影響を与えることを認める。

（買収防衛策の適法性）

買収防衛策の適法性をめぐり、ニッポン放送事件高裁決定[24]では、「誰を経営者としてどのような事業構成の方針で会社を経営させるかは株主総会における取締役選任を通じて株主が資本多数決によって決すべき問題である」とし、

---

(21) この点の分析として、福島洋尚「株式会社における株主総会と取締役会の権限分配」江頭憲治郎先生古稀記念『企業法の進路』(有斐閣、2017)178頁、188頁参照。
(22) この点について、黒沼悦郎「株主総会の勧告的決議について」早稲田大学法学会百周年記念論文集・第二巻民事法編（成文堂、2022）295頁、311頁〜312頁参照。
(23) 古川・前掲注(18)「デラウェア州の判断枠組み（3・完）」23頁、35頁参照。また、福島・前掲注(21)189頁は、業務執行事項についての株主総会の決議に当然には免責としての効力は認められないが、裁判所における審査のプロセスに組み込まれることは不当ではないと指摘する。
(24) 東京高決平成17・3・23金判1214号6頁参照。

いわゆる機関権限分配論に基づき、株主意思を重視する立場が示された。この立場は、ニレコ事件地裁決定[25]、日本技術開発事件地裁決定[26]やブルドックソース事件最高裁決定[27]等に受け継がれ、令和3年以降に問題となった有事導入型買収防策の適法性をめぐる判断[28]の基礎となり、最終的な対抗措置の発動までには株主総会の承認決議を要することの必要性が認識されるようになっている。

（取引条件・価格の公正性）

相互に特別の資本関係のない会社間の株式移転に反対する株主が株式買取請求をした事案において、いわゆる企業価値が増加する場合の公正な価格について、「原則として、株式移転計画において定められていた株式移転比率が公正なものであったならば当該株式買取請求がされた日においてその株式が有していると認められる価格である」とした上で、適法に株主総会で承認されるなど一般に公正と認められる手続により株式移転の効力が発生した場合には、特段の事情のない限り、株式移転比率が公正なものとみるのが相当であるとした[29]。

（取締役の責任）

MBOの事例において、「MBOにおける適正な買収価格といっても、一定の幅があるのが通常であり、どの程度の評価をもって企業価値を適正に反映した買収価格と認めるかは、最終的には企業所有者である株主の総意に委ねられる」と述べた上で、「適切な情報提供の下で、株主の適切な判断機会が確保されるような慣行が成立した段階では、MBOに多数の株主が賛同した場合に、それを株主の総意と推認することも考えられる」とし、それ以前においても、「会

---

(25) 東京地決平成17・6・1金判1218号8頁（事前の対抗策としての新株予約権の発行は、原則として株主総会の意思に基づいて行うべき）。
(26) 東京地決平成17・7・29金判1222号4頁（＝事前警告型買収防衛策）（会社の経営支配権の争いがある場合に、現経営陣と敵対買収者のいずれに経営を委ねるべきかの判断は、株主によってされるべき）。
(27) 最二小決平成19・8・7金判1279号19頁（企業価値が毀損され、会社の利益ひいては株主共同の利益が害されることになるか否かについては、最終的には、会社の利益の帰属主体である株主自身により判断されるべきものである）。
(28) 東京高決令和3・4・23資料版商事446号154頁（日本アジアグループ事件）、東京高決令和3・8・10資料版商事450号143頁（富士興産事件）、東京高決令和3・11・9資料版商事453号98頁（東京機械製作所事件）、大阪高決令和4・7・21金判1667号37頁(三ツ星事件)。
(29) 最二小決平成24・2・29民集66巻3号1784頁（テクモ事件）参照。

社法は、株主総会を株主の意思決定機関と位置づけ、その意思決定が適正に行われるよう厳格な規制を設けているから、株主総会において、適正な情報が伝えられた上で、一定の価格によるMBOに賛成することが決議された場合には、仮に、買収価格が客観的には当該時点での客観的な企業価値を反映した価格を下回るものであっても、特段の事情のない限り、当該MBOによる企業価値の移転は、株主共同の利益を害するものとはいえ」ず、原則として公正価値移転義務の問題は生じない（反対した少数株主の保護を問題とすれば足りる）として、傍論ではあるが、株主総会の決議に取締役の義務違反を否定する効果を認めるものがある[30]。

2　米国における議論

(1) *Corwin*判決[31]

（事案）

2013年10月、プライベート・エクイティ・ファンドKKR & Co. L. P.（以下、KKR）によるKKR Financial Holdings LLC（'KFN'）に対する持分対価の買収（合併比率1：0.51（KFN終値の35％プレミアム））が提案された。KKRは持分割合こそ1％に満たなかったが、KKRの財務アドバイザー（KKRの関連会社）による経営管理契約（management agreement）に基づきKFNにおける日常的な業務運営に関与していた。KFNでは、独立委員会およびKFNと利害関係を有しない社員の過半数の賛成を条件とする旨が決定され、2014年4月、合併（法定決議事項）について対象会社の非利害関係社員の多数の承認を得た（なお、合併契約には穏当な取引保護条項（deal-protection clause）（解約金1％、KKRのマッチング条項など）が含まれていた）。

原告は、対象会社（KFN）の株価が1年近く軟調に推移する一方、KKRの株価は堅調に推移してきたことを指摘し、独立委員会は、持分対価の合併を現金対価の取引へと変更を求め（結果は失敗）、あるいは取引条件の改善を求めて交渉したが、交渉は十分でなかったと主張し、対象会社の取締役・支配株主（KKR）に対して注意義務違反に基づく損害賠償請求訴訟を提起した。

---

(30) 東京高判平成25・4・17判例時報2190号96頁（レックスホールディングス事件）参照。
(31) See *Corwin*, supra note 16.

原告は、裁判所の審査基準として、KKR（関連会社）が管理契約に基づく業務を行っており、KFNの支配株主であるとして「完全な公正性」の基準の適用を主張したのに対し、被告は、経営判断原則の適用を主張した。なお、興味深いことに、事実審の段階では、レブロン義務（高度な義務）が適用されるとの主張は原告からされなかった（上告審で主張されたが、時機に遅れた攻撃防御として排斥された）。事実審（巡回区裁判所）は、KKRをKFNの支配株主とは認めず、社員総会の合併承認決議があることから経営判断原則を適用し、訴答段階において被告の却下申立てを認めた。原告が上告。
　（判決）上告棄却
　「完全な公正性の基準の適用が問題とならない場合において、十分な情報に基づく強圧性のない状態で多数の非利害関係社員による合併の承認決議があれば、事後的に取引の適切性を争う損害賠償請求訴訟の訴答段階で経営判断原則が適用される」（at 309）（原告が会社財産の浪費にあたることを主張・立証しない限り、訴えは却下される）。
　「経営判断原則を適用すると、ユノカル基準やレブロン基準の運用を損なう、あるいは株主を取締役の不公正な行為に晒すとの主張に対し、ユノカルやレブロンの基準は、主としてクロージング前に、重要なM＆Aの判断に対し、リアルタイムで差止め（事前救済）の道具を与えることを意図したものであり、事後の損害賠償請求を想定したものではなく、取締役が責任を負う基準が重過失である（Van Gorkom判決[32]を引用）ことに適合しない」（at 312）
　「この法理は、株主が十分な情報を与えられ、強圧性のない状態で議決権行使する場合にのみ適用されるのであり、議決権行使にあたり重要と評価される取締役の疑わしい振舞い（事実）が開示されなければ経営判断原則は適用されない」（at 312）
　「利害関係を有しない株主が取引の経済的実益（the economic merits）について自由にかつ十分な情報に基づいて判断する機会を持ったのであれば、裁判所が後知恵で介入することに伴う不確実性やコストを回避することは確立した法政策である。このような政策判断は十分に納得できる。真に利害関係を有す

---

(32)　See *Smith v. Van Gorkom*, 488 A.2d 858 (Del.1985).

る当事者が単に議案に反対することにより自衛することができるとき、厳格な審査基準を適用するこことは株主にとっての訴訟コストとなり、リスクテイクの制約となる。この理由づけは経営判断原則の主たる正当化根拠とつながる」(at 312-14)

（*Corwin*をめぐる議論状況）

*Corwin*判決は、支配権の異動が生じる取引において、完全な公正性の基準が適用される支配株主による取引の場合を除き、十分な情報に基づき、強圧性のない状態で多数の非利害関係株主の承認が得られた場合に取締役の注意義務違反を洗浄する効果を認める。すなわち、裁判所の司法介入の必要性が低下し、経営判断原則が適用されることになり、ガバナンスの観点からは、株主の承認決議が司法審査にとって代わることになる[33]。

*Corwin*判決は、対象会社の取締役（会）の行為の司法審査に関して形成されてきた30年来の法理を転換させるものと位置づけられるが、その評価は賛否両論に分かれる。*Corwin*判決に批判的な論者は、レブロン基準やユノカル基準として定式化された審査基準は次第に緩和されてきているところ、Ratificationの法理（株主意思確認（後掲（2）））は「株式を売却するか否か」という狭い二者択一の判断ゆえによりよい取引の存在を見逃させる結果となり、利益相反取引の売買プロセスに対するチェック機能が損なわれる典型例[34]とする一方、デラウェア州裁判所の判事が取引の実質（強圧性や情報の提供など）を審査し続ける限り、そのような懸念は当たらないとの見解[35]や*Corwin*判決

---

(33) See James D. Cox, Tomas Mondino & Randall S. Thomas, Understanding the (IR) Relevance of Shareholder Votes on M & A Deals, 69 Duke L. J. 503, 506 (2019); Matthew D. Cain, Sean J. Griffith, Robert J. Jackson, Jr. & Steven Davidoff Solomon, Does Revlon Matter? An Empirical and Theoretical Study, 108 Calif. L. Rev. 1683, 1694-95 (2020).

(34) See Robert S. Reder, Delaware Court Refuses to Invoke Corwin to "Cleanse" Alleged Director Misconduct Despite Shareholder Vote Approving Merger, 70 Va. L. Rev. En. Banc 199, 200 (2017); Franklin A. Gevurtz, Cracking the Corwin Conundrum and Other Mysteries Regarding Shareholder Approval of Mergers and Acquisitions (September 19, 2018). Available at SSRN: https:// ssrn.com/abstract=3252264 or http://dx.doi.org/10.2139/ssrn.3252264; Iman Anabtawi, The Twilight of Enhanced Scrutiny in Delaware M & A Jurisprudence, 43 Del. J. Corp. L. 161, 172-73 (2019).

(35) See Cain et al., supra note 33, at 1684,1723 ; Joseph R. SlightsⅢ, Corwin v. KKR Financial Holdings LLC An "After- Action Report", 24 Fordham J. Corp. & Fin. L, 1, 16-17 (2019); Matteo Gatti, Did Delaware Really Kill Corporate Law? Shareholder Protection in

のメリットが最終的にデメリットを上回るとの見解[36]もある。

(2) Ratificationの法理

Ratificationの法理とは、もともと株主意思確認総会の勧告的決議が行われた場合に、最も利害関係を有する株主が賛成した以上、取締役の行為に対する責任緩和の効果、すなわち、①受任者義務違反の否定、②裁判所の審査基準の緩和、または③（被告取締役に有利な）立証責任の転換を認めることである。Corwin判決は、株主意思の確認が審査基準に影響を及ぼすことを認めるが、それは先例もあり特に斬新なことではなく、取引が効力を有するために株主総会の決議を必要とする場合（決議事項としての総会決議）にRatificationの法理を拡張して適用することを明らかにした点に意義があるとの理解が有力である[37]。

なぜ、Corwin判決はRatificationの法理を拡張したのか。従来、株主意思確認総会（いわゆる勧告的決議）について審査基準の緩和を認める一方、法的な意味での総会決議にそのような効果が認められないと解されたのはなぜか。ある論者は、法的な意味での総会決議では、決議事項それ自体（例えば、Corwinの事案では合併それ自体の経済的実益）に対する意思の表明が行われるのに対し、株主意思確認の対象は決議事項それ自体ではなく、クロージングに至るまでのプロセス・取締役の行為の積み重ねにあったからであると分析する[38]決議事項それ自体とその取引に至るプロセスに対する承認を区別して考えるべきとの指摘は、わが国における問題を検討するうえでも有益な示唆を与える。しかしながら、Corwin判決はRatification法理の政策的正当化として利害関係を有する株主が合併それ自体の経済的実益を承認したことを挙げることから、Corwin判決とそれ以前の判例、すなわちIn re Santa Fe Pacific Corporation Shareholder Litigation[39]およびGantler v. Stephens[40]との整合性

---

a Post-Corwin World, 16 N.Y.U.J.L. & Bus. 345,408 (2020).

(36) See Jhonattan Gonzalez, Corwin Cleansing; A Doctrine Well Established in Delaware Jurisprudence, 15 Rutgers Bus. L. Rev. 250, 295-301 (2020).

(37) See e.g., Anabtawi, supra note 34, at 189-190; SlightsⅢ, supra note 35, at 16-17.

(38) See Anabtawi, supra note 34, at 187（合併を承認する取締役会の判断に適用される審査基準の緩和が認められるのは、取締役の行為それ自体に絞って株主が承認する単独の決議が必要とする）。

(39) See 669 A.2d 59 (Del. 1995).

(40) See 965 A.2d 695 (Del. 2009).

が直ちに問題となる。前者では、合併の承認決議によって裁判所の審査基準がどのような影響を受けるかが問題となったが、最高裁判所は合併承認決議（決議事項）によっても審査基準の緩和を認めなかったし、後者では、Jacob判事は審査基準の緩和を認め得る株主意思確認とは、法的に総会決議を要しない取締役の行為について株主の承認を得た場合であると述べていたからである。つまり、*Gantler*判決後の一貫した判例法理は、(1) 取締役会の決定に加えて株主総会の決議を必要としない場合に、(2) 原告が問題視する取締役（会）の特定の行為を株主が承認するならば、(3) 株主意思は取締役会の行為に適用される審査基準を緩和する効果を持つものと理解されていた[41]。*Corwin*判決は、従来の判例との整合性について次のように説明する。*Gantler*判決は、委任状勧誘における情報提供が誤解を招くもので、十分な情報に基づく株主の承認の効果について判断する必要がなかった事案であり、会社法上要求される総会決議が審査基準の緩和を生じさせるかを直接判断したものではなく（その意味で傍論である）、むしろデラウェア州で形成されてきた判例法理を変更するものであるとの理解に疑念を表明した。このような*Corwin*判決による整合性確保の試みにもかかわらず、*Corwin*判決は従来の判例法理を単に踏襲するものではなく、デラウェア州最高裁判所が取締役会の行為に厳格な審査基準を適用する従来の政策を変更するものと理解されている[42]。

(3) 事前および事後の救済の関係

*Corwin*判決は、合併契約のクロージング後に取締役の義務違反に基づく損害賠償責任が追及された事案である。同判決のいう洗浄効果とデラウェア州において従来形成されてきた判例法理、すなわちユノカル基準・レブロン基準が定式化してきた取締役の行為規範（クロージング前のリアルタイムでの差止めの場面）との整合性についてどう考えるかが問題となる（米国では、わが国と異なり、事前の救済（差止め）に洗浄効果は及ばないと解されている。後掲「Ⅲ　株主意思の尊重の限界」参照）。

---

(41) See Anabtawi, supra note 34, at 188.
(42) See references cited in Anabtawi, supra note 34, at 190 n.166 &167.

III　株主意思の尊重の限界

　わが国における従来の判例および学説の議論において、株主意思の尊重の限界と位置づけられる要素に言及されるが、具体的な事案の処理にあたり、何が限界に該当するかについて十分な検討が行われているわけではない。

1　わが国における議論

(1) 指針

　2005買収防衛指針や2023企業買収行動指針は、通常、公開買付けへの応募を通じて株主の意思が確認されるとするが、公開買付けの強圧性の問題を解消する一つの方法として、株主総会決議が合理的な方法であると解されてきた（前掲II　1）。しかし、株主総会決議による株主の判断が公開買付けへの応募当等（投資判断）を通じた判断よりも常に優れているとはいえないことも指摘されてきた[43]。なぜなら、パッシブ運用者の中には買収に賛成であっても原則として公開買付けに応募しない行動をとる者もいるため、株主総会のほうが真の意思表示を行いやすい場合があり、あるいは株主総会の運用面では基準日制度の問題（議決権行使の基準日時点と株主総会開催時点のズレがあり、最新の株主の意思が反映されない）があるからである。

　また、企業買収行動指針は、特に「4.3　株主の意思決定を歪める行為（の禁止）」として、「買収者によるもの」（強圧的二段階買収等や取引先株主等への優越的な地位に乗じた働きかけ行うなど）と「対象会社によるもの」（不正確な情報開示や株主を誘導するような情報開示・情報提供を行うこと、取引先株主等への優越的な地位に乗じた働きかけを行うなど）を挙げている。いずれも主に公開買付けの応募の場面を想定したものと考えられるが、対象会社の意思確認総会・株主総会における議決権行使（投票）の場面を排除する趣旨ではない。

---

(43)　企業買収行動指針（別紙3）50頁注89参照。

(2) 判例

②事件（価格決定申立て事案）では、「当該株主総会における株主の合理的な判断が妨げられたと認めるに足りる特段の事情がない限り」との留保が付されている。しかし、株主の合理的な判断が妨げられたと認められる「特段の事情」とはいかなる事情かは明確でない。

また、買収防衛策を正当化する株主意思（勧告的決議であるか、総会決議であるかを問わない）の限界は、ブルドックソース事件最高裁決定において、「手続が適性を欠くものであったとか、判断の前提とされた事実が実際には存在しなかったり、虚偽であったりなど、判断の正当性を疑わせるような重大な瑕疵」が認められる場合である[44]。このうち、株主の判断の前提となる情報に虚偽がある場合はともかく、「手続が適正を欠く」とはいかなる状況をいうのか、判断の正当性を疑わせるような重大な瑕疵とは何を意味するかは明確ではない。法的瑕疵に限定されず、より広い概念と考えられるが、「判断の正当性を疑わせる」重大な瑕疵の内容（当事者はいかなる事実を疎明すべきか）について明確化することが求められる。

さらに、三ツ星事件[45]では、「本件株主意思確認総会は、抗告人の現経営陣と相手方関係者らのいずれに経営を委ねるべきかについて株主の意思を問うものとなっていた」が、同総会開催に当たり、「相手方グループを非適格者に該当すると認定したこと及びこれらの者が臨時株主総会において本件各議案に賛成する旨の委任状を相手方に提出したことがその認定理由であることを公表しており、かかる行為は、本件臨時株主総会に臨む株主らに対し、抗告人の提出する議案に賛成しなければ非適格者と認定され、本件新株予約権無償割当てにおいて不利益な取扱いを受けるのではないかとの懸念を生じさせるものといえる」とした上で、重要な客観的事実について一定の情報提供がされていたとみ得るとしながらも、「議案が賛成多数（…略…）で可決されたことをもって、株主らが真に抗告人の経営陣を支持する意思で賛成票を投じたといい得るかは

---

(44) 最二小決平成19・8・7前掲注(27)参照。この内容は、東京高決令和3・11・9前掲注(28)（東京機械製作所事件（抗告審））や事前警告型（半有事とみる余地あり）買収防衛策が問題となった、名古屋地決令和3・4・7資料版商事法務446号144頁（日邦産業事件（異議審））等にも引き継がれる。
(45) 大阪高決令和4・7・21前掲注(28)。

なお疑問の残るところであり、同総会における決議結果があることをもってただちに本件対抗措置に相当性があるとはいうことはできない」と述べる。判旨は、重要な事実について情報提供がされていることを認めつつ、株主の投じた賛成票の真意が疑わしいことを理由に対抗措置の相当性を否定する。これは強圧性を理由に株主意思の尊重の限界を示すものとして注目に値する（後掲2（2）参照）。

(3) 学説・実務

学説・実務においても、公開買付けに応募するかどうかの意思決定（応募状況）が必ずしも真の株主意思を反映するものとならない場合が指摘される。まず、機関投資家におけるパッシブ投資家の占める割合が非常に増えてきており、パッシブ投資家の多くは公開買付けに応募しないことから、そもそも応募するかどうかの意思決定はしていない[46]。また、パッシブ機関投資家以外の投資家が応募するかどうかの意思決定をするとしても、公開買付けの強圧性によって株主の意思が歪められる状態で選択を強いられる可能性があるため、公開買付けへの応募状況が株主の真の意思を表明するものとは言い難い状況が生じ得る[47][48]。さらに、意思決定の性質が本質的に異なる（売却の判断と支配権異動の是非・潜在的な利益相反の有無の判断）とも主張される[49]。こうして公開買付けへの応募を通じた株主の判断ではなく、株主総会決議を通じた株主の判断を尊重することがより優れた株主意思の確認方法であると考えられてきた。もっ

---

(46) 公正なＭ＆Ａ指針40頁注74、石綿ほか・座談会・前掲注(8)29頁［石綿発言、三苫発言］参照。

(47) 田中亘『企業買収と防衛策』（商事法務、2012）34頁、飯田秀総『公開買付規制の基礎理論』（商事法務、2015）195頁、同「買収手法の強圧性ととりうる対処」田中亘編『数字でわかる会社法（第2版）』（有斐閣、2021）255頁〜257頁等参照。学説では、強圧性に対処する方法として、買収防衛策を利用する以外の方法による対応策が提案されてきた。この問題について、飯田・前掲注(11)243頁以下（大別すると、①買収に対する賛否の意思表示と応募の意思表示の分離、②買付けそれ自体に対する規制（買付期間の延長など）がある）、同「公開買付規制改正と今後の買収防衛策の展望」商事法務2367号(2024)42頁以下参照。

(48) もっとも、支配権の移転は強圧性がない公開買付けによって行うべきものとすれば、過剰な情報提供が敵対的買収に対する委縮効果をもたらさないように、情報提供や検討期間の確保は公開買付規制によって行われれば足りると説かれる。田中・前掲注(47)376頁、437頁（対象会社の株主は法定の情報開示以上の情報提供を受ける必要はない）。

(49) 石田・前掲注(18)25頁、古川・前掲注(18)「デラウェア州の判断枠組み(2)」45頁。

とも、意思確認総会を含め、基準日制度に起因する問題のほか、取引先株主が議案の実質とは関係ない外在的な要因により議決権行使を躊躇するといった問題が指摘され[50]、株主総会の判断が歪められる可能性に鑑みると、その判断を機械的に尊重することは避けるべきであり、判断を尊重するための前提条件を個々の事案において慎重に検討する必要があると説かれる[51]。

2 米国における議論

*Corwin*判決は株主意思を尊重して訴答段階で経営判断原則の適用を肯定するが、最も大事な点は、*Corwin*判決の原理を注意深くかつ慎重に適用することである。これは*Corwin*判決の洗浄効果が否定される場合を適切に見極めるべきことを意味する。

*Corwin*判決における直接の論点は(1)～(3)であり、株主意思の尊重の限界を考える上で参考になる。また、(4)は*Corwin*判決が株主意思を尊重する立場を採用したことに対する一般的な見地からの懐疑的な見解である。(5)は二段階買収の第一段階目の公開買付け（株主意思）にも*Corwin*判決の洗浄効果を認め得るか、および(6)は*Corwin*判決（事後の損害賠償請求）の洗浄効果が事前の救済（差止め）に及ぶかという、いずれも*Corwin*判決の射程に関する重要な論点である。

(1) 十分な情報の欠如

まず、①*Appel v. Berkman*[52]は、現金対価の二段階合併の事案であるが、合併に係る委任状勧誘文言にはその賛否を含め合併に至る詳細な経緯が記載されていた。しかし、その説明には、創業者兼最大株主である議長が、合併交渉を進め、最終的に取引を承認することを見送った事実は開示されていたが、取引価格やより高い価格を実現する形で事業を行っていない経営陣に失望し、会社を売却する最適なタイミングではないとの彼の見解は開示されなかった。そこで、株主が取締役を被告として損害賠償請求訴訟を提起した。上告審で問題となった唯一の争点は、最初の公開買付けの時点での情報提供が十分であり、

---

(50) 田中・前掲注(47)372頁。
(51) 白井・前掲注(11)293頁～295頁参照。
(52) See 180 A.3d 1055 (Del. 2018). 飯田・前掲注(11)151頁に紹介がある。

議長が賛成しなかった理由を記載しなかったことが委任状勧誘文言の重要な点に誤解を生じさせるものでないかである。事実審裁判所は、第一段階の公開買付けは十分な情報に基づき株主によって受け入れられたため、理由の不開示が誤解を生じさせるとの主張を否定したが、最高裁判所は、会社を売却することの適否に関する創業者兼議長の見解は、合理的な投資家が合併に賛成するか、それとも買取請求権を行使するかを判断する際に重要と考えることができ、それを開示しなければ、開示された事実を誤解を生じさせる不完全なものにすると（洗浄効果を否定）した。

　次に、②*Morrison v. Berry*[53]では、合併取引における受任者義務の違反を理由に株主が提訴した。Fresh Marketがプライベート・エクイティ（Appolo）の支配する主体から公開買付けを受け入れ、非公開化することを宣言した。公開買付けに対する賛成とともに、非公開化に至る経緯、創業者Rayとその息子が株式を再取得することが開示された。原告は、RayらがAppoloチームと組んで取締役会を騙して安くFreshを買収し、Bayらが不当な利益を得られる手続で会社を売りに出すよう誘導したと主張した。つまり、Appoloに対抗する買付者との提携を率直に検討するものではなく、RayとAppoloの関わりは取締役会に十分に開示されず、オークションは出来レースであった。最高裁判所は、Corwinの法理が公開買付けの応募の判断にも適用されることを前提に、会社が議決権の行使にとって重要となる取締役の振舞いに関する疑わしい事実を開示しなかったことを示す事実を原告が疎明し、十分な情報に基づいて株主の議決権が行使されたことを被告が疎明しなかったとして、経営判断原則が適用されるとの被告の主張を排斥した。

　最後に、③*Chester Country Employees' Retirement Fund v. KCG Holdings, Inc.*[54]は、V社によるKCG社に対する20ドルでの買収であるが、KCG社の株主がKCG社の取締役らが株主のために価値を最大化することを怠ったと主張して提訴した。当初、V社はKCGの最大株主かつ財務アドバイザーであるJ社との間でありうる買収について議論を重ね、J社はV社に対し、有形資産を1

---

(53)　See 191 A.3d 268 (Del. 2018). 飯田・前掲注(11)151頁、永江亘「Corwin基準による瑕疵治癒効果と不実開示」商事法務2338号(2023)67頁に紹介がある。
(54)　See 2019 WL 2564093 (Del. Ch. June 21, 2019).

株あたり21ドルまで上昇させること（リストラ案）を提案した。V社とJ社の間では1株当たり20ドルの取引を支持し、合併後に、J社がアドバイザーとなり、V社がリストラ策を実施する合意が成立した。この間、KCGの取締役会はJ社の勧めによりV社と交渉することを決定した。また、買収プロセスの最終段階で、V社は20ドルの最終買付けを実施した。KCGのCEOであるColemanを除く全ての取締役が20.21ドルの対抗買付けを承認した。取締役会おいてColemanは20.21ドルは低すぎる、またリストラ案によればより高い価値を生み出すと語り、満足のいく報酬と地位の保障について交渉の余地があれば合併を支持することを約束した。取締役会はColmemanの納得できる報酬について交渉し、最終的に20ドルの買収価格を承認した。これに対し、原告は、①J社がV社に提案したリストラ案について詳細な情報開示はされなかった、②委任状勧誘ではColemanの20.21ドルでは低すぎるとの見解、さらに後に20ドルを支持し、報酬について交渉が介在した事実は開示されなかった等として、株主は十分な情報をもたないことから*Corwin*基準によって却下は導かれないと主張した。事実審は、①委任状勧誘文言の20ドルを上回る可能性があるとの記載は、重大な誤解を生じさせるものであり、開示されなった情報は合併価格を受け入れることが株主として残るかどうかと比較してよい取引であるかどうかを明らかにする。②Colemanは短期間に合併に関する評価を変えた20.21ドルは低すぎるといっていたが、後に20ドルに賛成した。また、彼は地位の変更から利益を確保しており、開示されない事実は通常の事実以上のことを語っている。

(2) 強圧性

*Corwin*判決後に裁判例を通して明らかにされた強圧性として、「状況的強圧性」（以下、①Saba Software）と「構造的強圧性」（以下、②*Liberty Broadband*）の二つが注目に値する[55]。

① *Saba Software Stockholder Litigation*[56]

（事実の概要）経営危機に陥ったソフトウェア会社の役員が粉飾決算（利益

---

(55) 強圧性の問題に関する詳細な分析を行う裁判例として、See *In re Dell Technologies Inc. Class V Stockholder Litigations*, 2020 WL 3096748 (Del. Ch. June 11, 2020)。同決定は、デラウェア州において強圧性が問題となる場面を5つに分類して考察する。
(56) See No.10697-VCS, 2017 WL 1201108 (Del Ch. March. 31, 2017).

の水増し）を行った後、投資家向けに財務諸表を修正する旨を伝えたが、そのような対応はされず、NASDAQは取引停止処分を行った後、株式の上場を廃止した。その後、民事制裁金を支払い、完全に修正再表示を行う内容の和解がSECとの間で成立したと公表した（2014年9月）。和解成立後の2014年12月に、同社は期限内（2015年2月15日）に約束を履行できないこと、さらに代替的な戦略として潜在的な買収者と事前協議を行っていることを発表した。期限前の10日には、当時の株価9.45ドルに対し9ドルでの買収（合併）が同社の取締役会で承認され、二人の上級役員は買収者と雇用契約を締結した。同社は期限までに約束を果たさず、期限後の19日には株式の登録が抹消された（著しい流動性の欠如と株価の下落を招いた）。同社の利害関係を有しない多数の株主は合併を承認したが、クロージング後、旧株主は会社を安く売却せざるを得なくなったとして取締役の義務違反を主張して提訴した。これに対し、被告は、非利害関係株主の多数が合併を承認（2015年3月）しており、*Corwin*判決の洗浄効果（経営判断原則）が適用されると主張した。

（判旨）

「強圧性が特定の状況で不公正といえるかはどういう関係性があるかに依存する。…強圧性の有無に関する審査の焦点は、受任者によって課せられる不当な外部的圧力を免れて自由な意思表明が許されたかにある。取引の文脈でいえば、現状を維持するか、それとも提案された取引による新たな利益を享受するかに関する自由な選択が可能になる方法で議決権行使が可能となっていなければならない。本件において、合併に関する議決権行使にあたり、Sabaの株主は、残高から抹消され流動性のない株式を受け取るか、それとも会社が財務報告の修正を怠ったことによって低下した合併対価（9ドル）を受け取るかの選択であった（Hobson's Choice（自由な選択のようで実際は1つしか選択肢は提供されない状況））。…Sabaの株主は、議決権行使にあたり、状況的な強圧性によって取引の経済的実益以外の理由で不当に合併に賛成させられたかもしれない」(at 15)

被告は、強圧性が存在するためには、議決権行使あるいは基礎にある取引それ自体に自由な選択を妨げるもの（二段階買収の構造や復讐の脅威など）が必要との主張に対し、「強圧性を生じさせるのは委任状の文言やその語調でさえ

ない。不公平な強圧性は、取締役が不法な作為・不作為の結果として株主が置かれた"状況"から生じる」(at 16)

② *Sciabacucchi v. Liberty Broadband Corp., & Charter Communications Inc.*[57]

（事実の概要）Charter Communicationsの取締役会は、4つからなる複雑な内容の取引を提案した。

すなわち、（ⅰ）CharterとTime Warnerとの間の合併、（ⅱ）Bright Houseの買収、（ⅲ）Charter社の最大株主であるLibertyが議決権の5％まで支配する内容の株主間合意の変更、（ⅳ）その方法としてChaterが新株を発行するという内容である。（ⅰ）および（ⅱ）はCharterとその株主の利益になるのに対し、（ⅲ）および（ⅳ）は最大株主のLibertyにとって利益となるところ、4つの提案は相互に条件付けられており、株主が（ⅲ）および（ⅳ）を承認しない限り、合併・買収は実現しないものとされた。この取引は最大株主であるLibertyと関係会社の保有する株式以外の株式を保有する株主の86％の賛成で承認された。株主は、最大株主のLibertyが利害関係を有する不公正な取引であることを理由として取締役の義務違反を主張して提訴した。これに対し、被告は、*Corwin*判決（経営判断原則）が適用されると主張した。

（判旨）

「デラウェア州法が株主の議決権行使の結果に洗浄効果を認めるのは、取引が会社の最善の利益になると多数の株主が判断する場合、所有者の決定について裁判所が事後的に審査することにほとんど有用性がないからである。…強圧性のある議決権行使では取引が利益になると判断した保証はなく、他の代替案よりも取引を受け入れた方がよいというにすぎない。強圧性の意味するところは、取引が最善の利益になるということではなく、取引の外在的な要因（事実）によって議決権を行使したかもしれないということである」(at 15)

支配株主の提案する取引に反対することから生じる「報復の脅威」が強圧性にあたるほか、「構造的な強圧性のある議決権行使からも株主意思確認の効果（洗浄効果）は生じない。議決権行使にあたり、受任者の違法行為が含まれる必要はなく、議決権行使が求められる構造・態様から判断して、取引に関する議決

---

(57) See No. 11418-VCG, 2017 WL 2352152 (Del Ch. May, 31, 2017).

権行使が取引に関する情報に基づく株主の意思とは推認できないということである。この意味では、相互に関連性のない複数の議案について一つの議決権行使を求めることは、取引の実益について情報に基づく承認と評価できないならば、強圧的となりうる」(at 15)

「本件において、条件付き投票では、取引の実益について株主が自由な選択をしたとはいえない。Charterの株主は利益となる二つの提案を受けたが、同時に最大株主への富の移転を生じさせる取引の承認が条件となっていた。…このような状況で、株主は、簡単に反対の意思を表明して自衛することはできなかった。ある立場を採れば、二つの利益となる提案を諦めねばならなかった」(at 22)

(3) 支配関係・利害関係

一般に、支配株主による買収案件では、もともと強圧性が高いことから、株主総会の決議がある場合でも Corwin 判決にいう洗浄効果は認められない。そこで、そもそも支配株主が存在するかが重要な争点となる場合がある。Corwin の事実審では、潜在的な議決権パワーと経営管理契約の両者を総合考慮して、持分の多数を持たずに取締役会を実効支配しているかを審査するアプローチが採用され、最終的に、KKRの持分割合は1％を下回っており、取締役を選任する権利を有しておらず、取締役の行為を拒否する契約上の権利もないことから支配株主には該当しないと判断された[58]。最高裁判所でもこの点の判断は支持されている。

Corwin 判決は、「非利害関係社員」の多数が取引を承認する場合に洗浄効果を認めるように読めるが、「非利害関係」要件をどのように解するかについてコンセンサスはないといわれる[59]。支配株主が存在しなければ条件を満たすと解する見解[60]がある一方、「非利害関係」を独立の要件と解する見解もあ

(58) See In re KKR Fin. Holdings, 101 A.3d 980, 991-95 (Del. Ch. 2014).
(59) See Gatti, supra note 35, at 391.
(60) See Ann M. Lipton, After Corwin: Down the Controlling Shareholder Rabbit Hole, 72 Vand. L. Rev. 1977, 1986 (2019). ここでいう「支配株主」が何を意味するかも重要な問題である。See In re Tesla Motors, Inc. Stockholder Litigation, 2018 WL 1560293 (Del.Ch. March 28, 2018). Teslaの株式22.1％（議決権ベース）を保有するElon Muskが「支配株主」に該当し、Corwin基準が適用されるが問題となった事案である。判旨は、次の基準を明らかにした上で、Muskの支配株主該当性を肯定した。すなわち、原告は(1)少数株主が、問

る$^{(61)}$。後者の見解は、支配株主が得る取引に付随する私的な利益（side deals）を規制することが「非利害関係」の要件の正当化ならば、取締役・役員にこれらの利益が提供されるならば、支配株主だけを対象とすることの説明に窮することになるとし、支配株主ではないが、何らかの利害関係を有する株主の影響を受けるすべての場合に妥当すると説く$^{(62)}$。

(4) 株主の判断能力

　裁判所の司法審査に代えて株主総会の決議を重視する方向へのシフトを正当化する根拠として、株主構成の変化（投資判断能力を有する機関投資家やファンドの存在）が挙げられる。しかし、株主総会決議には基準日制度や株主の属性（取引先株主）との関係で一定の限界があることは、わが国においてのみならず、米国でも同様の問題点が指摘される$^{(63)}$。すなわち、株主に経営陣の義務違反を判断する資質があると信じることは合理的ではなく、そのような理解は会社法の現代的な展開と整合的ではなく、また株主意思確認がいかに強圧的な状態におかれ、かつ検討不足に陥りやすいか、さらにいかに機関投資家が利益相反に直面するかを認識する必要があると指摘される。

(5) 第一段階目の公開買付けにも洗浄効果を認め得るか

　わが国では、株主総会の決議と意思決定の本質が異なるとして公開買付けの応募状況から洗浄効果を認めるのに懐疑的な見解（むしろ強圧性との関から、公開買付けへの応募よりも株主総会を通じた情報提供や審議に期待する議論）が有力であった。これに対し、米国では、十分な情報を有する投資家が公開買付けに応じて取引に賛同するならば、その後に価格の公正性を争うことはできないとする見解が強い$^{(64)}$。Ｍ＆Ａ取引の完了までのスピードアップを図るため、二段階目の株主総会の議決権行使を要しない「ミディアムフォーム・マージャー」（Del. Gen. Corp. Law §251(h)）制度の存在もその傾向を裏付ける。十分

題の取引に関して、会社、取締役会、あるいは委員会を現に支配したこと、または(2)常に取締役会の多数派を現に支配していたことが合理的に推認できることを示さねばならない。Id, at *13.
(61)　See Gatti, supra note 35, at 391 & n.219.
(62)　See Gatti, supra note 35, at 394-95.
(63)　See Cox et al, supra note 33, at PartⅠ-PartⅤ.
(64)　See *In re Volcano Corporation Stockholder Litigation*, 143 A.3d 727, 744-745 & n.55 (Del. Ch. 2016).

な情報が提供され、強圧性がない状態で投資家（株主）が取引を承認するか否かを判断する機会を持った以上、株主の自発的な判断を尊重するというのが従来の見解[65]である。それゆえ、公開買付けへの応募の判断にも*Corwin*と同様の洗浄効果が認められると解されている。

　(6) 買収防衛策に対する差止め（事前の救済）

　*Corwin*判決の事案（事後の損害賠償請求）では、事実審の段階で原告からレブロン義務の主張はされず、上告審で初めて主張されたが、時機に遅れた攻撃防御方法として排斥されたため、事前の救済（差止め）に関するユノカル基準・レブロン基準を排除する（洗浄効果が及ぶ）か否かについて議論の余地が残された。当初、*Corwin*判決の洗浄効果が事前の救済（差止め）にまで及ぶかは未解決の問題[66]とされたが、その後、*Corwin*判決の洗浄効果は事後の損害賠償を求める訴えに限定されるとの立場を明らかにした裁判例、つまり*In re Edgio, Inc. Stockholders Litigation*[67]があり、*Corwin*判決の射程を考える上で注目に値する。

　事案の概要は次の通りである。デジタルメディア・ネットワークサービスを提供するEdgio社の株価が低迷し、市場ではアクティビストに狙われるのではないかと囁かれ始めた後、プライベート・エクイティのCollege Parentの孫会社（Edgecast）から合併の話が持ち上がり、最終的に、Edgio社が株式対価でEdgecastを買収することになり、College Parent（以下、CP）はEdgio社の発行済株式総数の35％を保有することになった。買収に際し、CPとEdgio社は、原告株主が問題とする3つの合意、すなわち①取締役選任合意（CPは取締役会の提案に賛成する）、②議決権拘束条項（CPは取締役会が推奨する通例的

---

(65) わが国における強圧性をめぐる議論と対照的であるが、同様のことは、実質的な強圧性（substantial coercion）の議論に対する懐疑的な見方にも表われる。See *Chesapeake Corp. v. Shore*, 771 A.2d 293, 324-329 (Del. 2000).

(66) See SlightsⅢ, supra note 35, at 27-28. さらに、従来、レブロン義務はクロージング前の場面で適用されるものと解されてきたが、クロージング後にレブロン義務違反を理由に救済を求めることができるかがCorwin判決後に議論されている。See Kaite Clemmons, Dissecting Revlon: Serving the Standard of Conduct from the Standard of Review in Post-Closing Litigation, 73 Va. L. Rev. 267 (2020).

(67) See 2023 WL 3167648 (Del. Ch. 2023). 判例の紹介として、大久保涼＝伊佐次亮介＝Alexander N. Russo「デラウェア州最新判例アップデート（2023年上半期編）」NO&T U.S Law Update（2023）5頁〜8頁参照。

でない事項に賛成する）、③3年間の株式譲渡制限条項を締結した。Edgio社はNASDAQ規則に従い、CPとの合意内容に触れながら、CPへの株式発行について株主総会の決議を得た。委任状勧誘は、株式発行の承認を求めるものであったが、株主との合意や条項について承認を求めるものではなかった。原告は、株主との合意に含まれる条項は保身のためのものであり、受任者義務に違反すると主張したが、買収それ自体はEdgio社にとってよいもので会社の損害はないとして、合意に含まれる条項の差止めだけを求めた。これに対し、被告（取締役）はCorwin洗浄効果を主張して経営判断原則の適用を主張した。裁判所は、Corwin判決は買収防衛策に関するユノカル基準に基づく主張を排除するものではないと解釈して、被告の却下申立てを退けた。形式的な理由として、①Corwin判決は事後の阻害賠償請求について判断したもので、保身にあたる行為の差止めを阻止することは意図していない（Id, at *10-11)、②Corwin判決は、クロージング前にリアルタイムで重要な問題に対処しようとするユノカル基準やレブロン基準の適用を妨げない（Id）とした上で、③取引価格や手続に含まれる問題は損害賠償で填補され得るもので、対価を受け取って満足した株主によって浄化可能である（Id, at *12)、④Corwin判決は、買収防衛策の差止め事案において洗浄効果を否定したIn re Santa Fe Pacific Corporation Shareholder Litigation[68]を変更することを拒否したが、それは株主意思による洗浄効果は株主が特に買収防衛策として承認していない強圧的な行為には適用されないという結論を支持するからである（at *11）との実質的な理由を述べた[69]。In re Santa Fe判決は、レブロン基準やユノカル基準は、株主の正当な議決権行使を不当に阻害して株主民主主義を脅かす防衛策の導入・発動に対する懸念から必要であり、支配権争奪の場面において取締役会の一方的な行為を司法審査の対象から外すことはその政策目的を損なうことになるとする（at 67-68)。また、In re Santa Feの事案では、株主は買収防衛策を導入するという一方的な判断について承認を求められたわけではなく、むしろ株主が投票す

---

(68) See *In re Santa Fe*, supra note 39.
(69) As a practical understanding of this case, see e.g., Dechert LLP, Delaware Court of Chancery Holds Corwin Cleansing Inapplicable to Board-Entrenching Action（May 11, 2023), available at: https://www. dechert.com/knowledge/onpoint/2023/5/delaware-court-of-chancery-holds-corwin-cleansing-inapplicable-t.html.

る前に防衛策は効果を生じていたとされ、合併を承認するか、それとも何もしないかの選択を求められたに等しいとされた（at 68）。株主は買収防衛策ではなく、単に合併に賛成しただけなので、前者について株主意思確認の効果は認められないとした。

　本判決の事案は、特に買収防衛策それ自体について承認を求めたものではなく、保身につながる買収防衛策それ自体が承認された場合の効果（Ratification）を明らかにするわけではないが、裁判所が買収防衛策を株式発行の承認と抱き合わせにすることが強圧性を帯びると評価した点[70]は注目に値する。

Ⅳ　本稿における課題の分析および検討

1　株主意思とは

　株主意思の確認方法は、公開買付けへの応募の判断と株主（意思確認）総会の決議（議決権行使（投票））の場面に分けられる。このうち総会決議にはいわゆる勧告的決議と法定・定款に定める事項に係る決議があるが、米国において株主意思の確認に一定の効果が認められるのは、会社法上の決議であるか勧告的決議であるかを問わず、非利害関係株主の承認が得られる場合、すなわちMoM決議が成立した場合である。Corwin判決にいうRatificationの法理はもともと株主意思確認総会の勧告的決議に妥当するものであるが、株主意思というとき、「判断の正当性」や真に株主の意思を反映したものといえるか、言い換えると、十分な情報に基づく強圧性のない状態での株主意思といえるかが求められる点は日米両国において共通する。これらの判断の大部分は、法令・定款に定める事項に係る決議の瑕疵（招集の手続や決議の方法が著しく不公正なとき（会社法831条1項1号））の範疇に入ると解される。

---

[70]　④はそのような理解に馴染む。See Kyle A. Harris et al., Corwin Cleansing Denied In Action for Post-Closing Injunctive Relief under Unocal (May 10, 2023), available at: https://www.clearymawatch.com/ 2023/05/corwin-cleansing-denied-in-action-for-post-injunctive-relief-under-unocal/.

2 意思確認の対象は何か

　株主意思が重要となる以上、その確認対象が何であるかが明確でなければならない。なぜなら、真に株主の意思が反映されたか、あるいは十分な情報に基づく株主意思といえるかは、主に確認対象との関係で判断されるからである。米国におけるRatificationの法理はいわゆる勧告的決議に適用されるものと解されてきたが、それは取締役の行為や取引成立に至る過程を評価したと理解できるからである。これに対し、法令・定款に規定される事項に係る決議は組織再編それ自体を有効にするものであるところ、さらに取締役の責任に関する審査基準の緩和を認めるならば、株主が真にいかなる事項を承認・確認したか曖昧になるのみならず、議案に関する十分な情報の欠如や強圧性を生じさせる危険性がある。これがRatificationの法理の示唆である。

　しかし、わが国における従来の裁判例では、意思確認の対象が何であるかは必ずしも明確ではない。例えば、組織再編それ自体あるいは組織再編条件の是非（テクモ事件[71]）、企業価値の毀損の有無（ブルドックソース事件[72]）、対抗措置の発動の是非（日邦産業事件[73]、日本アジアグループ事件（抗告審）[74]）またはいずれに経営を委ねるか（富士興産事件（抗告審）[75]、三ツ星事件[76]（相当性の判断））と一貫しない。このように意思確認の対象事項が何であるかは明確でないが、議案としては「取引それ自体」と「取締役の行為（プロセス）」の承認を分けて審議し、また、買収防衛策の場合は「防衛策それ自体の是非」と「取締役の行為（プロセス）」の承認を議案として分けて審議することが重要である。そうだとしても、強圧性がなく、十分な情報が提供された状態で（外在的な要因に影響されず）、真に取引それ自体について総会決議があると評価できれば、*Corwin*判決の洗浄効果を認め得るし、もちろん純粋に「防衛策それ自体」について株主意思確認総会の決議があれば買収防衛策を正当化できる

---

(71)　最小二決平成24・2・29前掲注(29)参照。
(72)　最小二決平成24・2・29前掲注(27)参照。
(73)　名古屋地決令和3・4・7前掲注(44)参照。
(74)　東京高決令和3・4・23前掲注(28)参照。
(75)　東京高決令和3・8・10前掲注(28)参照。
(76)　大阪高決令和4・7・21前掲注(28)参照。

と考えられる。

3　株主意思の尊重とその効果

買収防衛策の正当化（根拠）や組織再編の条件の公正性との関係で株主意思の原則が重視されてきたが、その重要性に鑑みると、なぜ株主意思の原則が尊重されるのか、また買収防衛策の正当化や再編条件の公正性を基礎づける以外の効果、例えば、Corwin判決のように取締役の責任の審査基準を緩和する効果や立証（疎明）責任を転換する効果が認められないかが問題となる。

(1)　まず、株主意思の原則を尊重する根拠は、日米両国ともに株主が会社の利益の帰属主体である点に求められる[77]。ただ、このような原理的な根拠のみならず、Corwin判決が採用する株主意思の尊重を支える背景要因として、株主構成の変化（投資判断能力を有する機関投資家やファンドの存在）が強調される。投資判断能力を有する株主による優れた判断を期待することができるという市場の環境要因の指摘である。ただ、わが国では株主総会の決議によって買収防衛策を正当化することが認められているが、現状、株主構成の変化によって「訴訟から株主総会決議によるガバナンスへの変容」を政策的に正当化できるかについては、米国の一部論者が指摘するように、懐疑的な見方も可能かもしれない。

(2)　次に、株主意思の尊重の効果である。Corwin判決の認める株主総会決議の洗浄効果は、裁判所の審査基準をより厳格な審査（高度の審査）から「経営判断原則」に変更するにすぎず、事実上はともかく、当然に免責する効果をもつわけではない。従来、わが国の議論では、買収防衛策の適法性や価格決定手続との関係で株主総会の決議に防衛策を正当化する、あるいは価格の公正性を認めるといった一定の効果を認めるものの、責任制限の決議（会社法425条以下）でない限り、株主総会の決議があっても注意義務違反の責任を負う（免責の効果まで認めない）と解されてきた（前掲Ⅱ1(1)(2)参照）。とはいえ相互に特別の資本関係にない会社間の株式交換の事案において、株式移転比率の合意には経営者としての専門的かつ総合的な判断が必要であるとして、経営判

---

[77]　ブルドックソース事件やレックスHD事件等参照。See also SlightsⅢ, supra note 35, at 17.

断原則を適用したと解される裁判例[78]がある。同判決は株主総会の決議（株主意思の原則）の意義に言及することなく、Corwin判決と同様の結論を導いたことになる。企業買収に伴う利益相反の要素を考慮するならば[79]、株主意思が確認される場合には、株主意思を尊重できるか（十分な情報に基づく強圧性のない状態での決議であるか）を考慮した上で、それを肯定できるならば経営判断原則を適用するというアプローチが妥当ではないか。

　いわゆるMoM決議を得ることで対抗措置について株主意思の原則を満たすことになるかについて、経済産業省「公正な買収の在り方に関する研究会」でも意見の集約が困難であったとされる[80]が、決議に基づく対抗措置の発動が濫用されることへの警戒感から、非常に例外的かつ限定的な場合に限られるとの立場が採られている（前掲Ⅰ　1参照）。企業買収行動指針によれば、「強圧性がない」買収の場合にはCorwin判決の立場に批判的な目が向けられるかもしれないが、総会決議を濫用的に用いることに対しては、十分な情報に基づく強圧性のない状態での議決権行使か否かを審査することで対応できるのではないかと考える。

　(3)　最後に、立証（疎明）責任の転換の可能性はどうか。会社法上、会社に損害が生じた場合に、利益相反について株主総会の承認決議があっても、任務懈怠の推定が及ぶ（会社423条3項1号2号（証明責任の転換））と解される[81]一方で、監査等委員会設置会社の場合、利益相反取引に監査等委員会の事前承認があるとき、任務懈怠の推定は及ばず、原告に任務懈怠の証明責任がある（会社423条4項）。後者は、監査等委員の過半数が社外取締役（会社331条6項）であることを考慮した立法政策の現れであるが、立法論[82]としては、前者の

---

(78)　東京地判平成23・9・29判時2138号134頁（日本興亜損保事件）。本文のような判旨の理解について、飯田秀総「本件判批」商事2080号(2015)82頁、85頁参照。
(79)　この点について、白井正和『友好的買収の場面における取締役に対する規律』（商事法務、2013）488頁。これに対し、判旨に賛成する立場として、飯田・前掲注(78)85頁参照。
(80)　この点について、藤田・前掲注(2)18頁〜19頁参照。
(81)　江頭憲治郎『株式会社法［第9版］』（有斐閣、2023）504頁。
(82)　会社法改正要綱試案（平成15年10月22日）において、事前の決議により取締役の責任を完全に免責することへの疑問が示されている（要綱試案補足説明・ジュリスト1267号別冊付録80頁）。確かに、かなりの情報を有する株主であっても予測の難しい将来の事象について事前に免責することはできないかもしれないが、事後の決議であればその難点は解消・緩和されると思われる。

場合を含め、株主総会の決議がある場合に任務懈怠の推定は及ばないとする規律もあり得るのではないか。

4　株主意思の尊重の限界

株主意思の原則の原理的な正当化ないし株主構成の変化を前提とするとしても、株主の真の意思が問題となる以上、強圧性の問題に代表されるように、株主意思が無条件に尊重されるわけではない。買収防衛策の正当化など一定の効果が認められることに鑑み、株主意思の尊重の限界（前提条件）は何かを明らかにする必要がある。本稿では、Corwin判決後の裁判例において、Ratification法理の限界、すなわち公開買付けへの応募を通じた意思決定であれ、株主総会決議を通じた意思決定であれ、「利害関係のない株主」が、「十分な情報が提供されない」あるいは「強圧性のある」状態で意思表明を行った場合、その株主意思は尊重されず、取締役の責任緩和（経営判断原則の適用）は認められないことをみた。

(1)　まず、Corwin判決の洗浄効果の射程を考える上で問題となるのが「非利害関係株主」の意義である。わが国の企業買収における価格決定をめぐる裁判例では、「特別の資本関係の有無」によって公正な価格の判断枠組みが区別されてきたが、MBOや「支配株主」による買収を想定して策定されたMBO指針やM＆A指針では、買収条件の適正性を担保するため、公正性担保措置を講じて独立当事者間取引を再現するアプローチが採られる。また、買収者が70％以上の保有者である場合[83]はともかく、裁判所が取締役の行為を審査（介入）すべき類型となる「特別の資本関係」や「支配株主」・「利害関係株主」の存在する場合とはいかなる場合であるかの実質的な基準を明らかにする必要がある。

とりわけ個別の事案において、誰が非利害関係株主に該当するか[84]が問題となる。東京機械製作所事件では、「買収者およびその関係者並びに対象会社の役員」が利害関係者としてMinorityから除外された。買収が強圧的である

---

(83)　最一小決平成28・7・1金判1497号8頁（ジュピターテレコム事件決定）参照。
(84)　買収者以外の類型の者にも利害状況が異なる者がいるとの問題意識から、利害関係のある株主の範囲を検討する論考として、飯田・前掲注(47)48頁～49頁参照。

第 4 章　M＆Aにおける株主意思の尊重とその限界

と評価されたことの関係で防衛策としてMoM決議が許容されたため、買収者およびその関係者を除外することはともかく、対象会社の役員を除外するのであれば、それは公正な議決権の行使を期待できないという意味での利益相反が問題と解される。日米両国の学説が指摘するように、取引先等の株主や株主間契約を締結している株主は、買収の是非とは異なる利害関係（取引関係の維持等）に基づいて議決権を行使する圧力を受ける可能性がある[85]。この問題の解決策は二つ考えられる。一つは、取引先等の株主を類型的に「利害関係株主」とみて議決権行使から排除するアプローチであり、もう一つは、類型的には利害関係株主に該当しないとした上で、取引先等の株主による議決権行使が強圧的な状態でなされたものでないか、つまり、買収の是非に関する真の株主意思となっているかを慎重に審査するアプローチである。筆者は、取引先等の株主が個別の議案についていかなる利害関係を有するかを一律に判断することは現実的ではなく、そうであれば一律に議決権を排除することには謙抑的であるべきであり、後者のアプローチ[86]が妥当ではないかと考える。

（2）次に、十分な情報の欠如の問題である。わが国でも、企業買収行動指針に至るまで各種指針では株主意思の原則を実現するため、買収者および対象者による充実した情報の提供が求められている。しかし、現実の組織再編では、書面等の備置き（事前開示）（会社法782条・施行規則182条～184条等）に代表される会社法上の情報開示制度が存在するが、公開買付けの場合と比べると、投資家の投資判断を実質化する充実した情報の提供が求められるわけではない[87]。株主意思の尊重やその限界を考えるとき、真に株主の意思を反映した

---

(85)　関西スーパー事件では、取引先は取引関係への影響を想定し、賛否の判断に当たり板挟みになっていた（「これは踏み絵だ」と判断を迫られた）事実が明らかにされている。例えば、「関西スーパー争奪戦1―「これは踏み絵だ」」日本経済新聞2021年11月8日付2頁、日本経済新聞社編『関西スーパー争奪―ドキュメント混迷の200日』（日本経済新聞社、2022）第4章参照。

(86)　飯田論文では、株主の賛否の理由を正しく認定することは困難であり、利害関係者の範囲が不明確となることから、裁判所の判断の予測可能性が低くなるとして、強圧性を排除する目的ではない、企業価値の毀損・増加の判断については、買収者などの利害関係者を排除せずに株主の過半数の賛否で決する方向性が示される（飯田・前掲注(47)48頁～49頁）。

(87)　東京高判令和5・9・28資料版商事法務477号207頁（旧アルプス・アルパイン間の株式交換無効請求事件）では反対株主が組織再編ではなく公開買付けの実施を求めたほか、関西スーパー事件では買収手法の違いによる比較の困難性が問題として指摘されている（日

ものとなることを確保するため、公開買付けへの応募の場面のみならず、株主総会での議決権行使に必要かつ十分な情報が開示されているかを慎重に審査すべきである。いかなる情報の提供が求められるかについて、Corwin判決後の米国の裁判例では、主要人物（関係者）の言動（当初の評価など）、交渉の内実、検討の経緯などの詳細を開示しないことが十分な情報の欠如と評価され、株主総会の決議の洗浄効果が否定されていた。わが国でも、特別委員会が従前の交渉方針を十分に検討なく放棄し、その理由や経緯が明らかではない事実を捉えて公正な手続とはいえないと評価した裁判例[88]があるが、公正性担保措置としての特別委員会の審議のあり方のみならず、株主総会の決議の場面でいかなる情報が開示されるべきかを考える上でも参考になる。

（3）さらに、強圧性の問題であるが、わが国では公開買付けへの応募の場面での強圧性を中心に議論が行われてきた。とりわけ二段階買収の第一段階の公開買付けが有する構造的な強圧性とそれへの対処に焦点があったが、その後、東京機械製作所事件を契機として、市場内買い集めの方法の強圧性として実質的な強圧性と買収防衛策の適法性が議論されるようになった。本稿の主たる関心は、Corwin判決の事案のように、株主総会の議決権行使の場面における強圧性、すなわち「状況的な強圧性」と「構造的な強圧性」の問題にある（三2(2)参照）。ここでいう構造的な強圧性は、株主に有利な議案と不利な議案の双方を同時に承認することを条件として提案するような場合に、純粋に特定の議案に関する賛否の表明ではなく、議案の賛否とは異なる外在的な理由で賛否を表明させるような状況を意味する。最近のわが国の裁判例[89]では、株式交換契約が承認可決されることを条件として特別配当を実施する議案を付議することとされたが、特別配当を得ようと思えば株式交換契約を承認せざるをえず、同

本経済新聞社編・前掲注(85)68頁〜72頁等）。情報開示の同等性の確保が課題となる。
(88) この点について、東京地決令5・3・23資料版商事法務470号130頁（ファミリーマート事件決定）参照。もちろん、手続の公正性の判断はこの点に尽きるわけではなく、構造的に買収者の支配力が強かった点や公開買付価格が株式価値算定結果の下限を下回っていた点などが重要な事情と考えられる。飯田秀総「本件判批」商事法務2331号(2023)4頁、11頁以下参照。
(89) 東京高判令5・9・28前掲注(87)（旧アルプス・アルパイン間の株式交換無効請求事件）参照。本文の指摘について、柳明昌「本件判批」法学研究（慶應義塾大学）98巻4号(2025)掲載予定参照。

事件の判断としてはともかく（判旨は否決を条件として剰余金の配当を実施する提案もなされたことを指摘する）、このような付議の方法は株式交換契約の経済的実益の判断を難しくし、強圧的なものと評価できるように思われる。また、三ツ星事件も、株主らが真に経営陣を支持する意思で賛成票を投じたか疑わしいことを理由として対応措置の相当性を否定するが、強圧性を理由とする株主意思の尊重の限界を認めたものと解される（前掲Ⅲ 1(2)参照）。さらに、最近の学説では、株主の属性（取引先など）によるもの以外に株主の意思決定が歪められる場合があることを認識し、株主意思を尊重するための前提条件を検討する必要性が説かれる[90]。株主の判断が歪められる可能性は、事案ごとに問題の方向性が異なるとしても[91]、その本質は、特定の議案に関する株主の真の意思が反映されていないという点にある。ブルドックソース事件にいう「判断の正当性を失わせる」重大な瑕疵とは、十分情報の欠如とともに、強圧性のある状態での株主意思と考えることができる。

　(4) 最後に、事前の救済（差止め）との関係である。わが国では、買収防衛策の必要性・相当性（適法性）が認められれば、株主意思を尊重して事前の救済（差止め）を認めない立場が示されてきたのに対し、米国の裁判例では、事後の損害賠償請求訴訟に関する洗浄効果が事前の救済にも妥当するかが議論され、結論的には株主意思の尊重は及ばないとされた。日米両国における結論の違いをどのように理解すればよいか。米国では、事前の救済は事後の救済とは異なり、リアルタイムで企業買収を差し止めるものであり、支配権の異動の場面で取締役が一方的に採用する買収防衛策は株主にとって強圧的なものとなりやすく、真に株主意思を反映したものとなることを確保するため、裁判所の司法審査が有用であるとしてRatificationの効果は認められなかった。確かに、株主意思確認の対象が買収防衛策に特定されていれば結論が変わった可能性があり（前掲Ⅲ 2(6)）、その場合は、強圧性のない状態で、十分な情報に基づく株主意思の存在が認められれば買収防衛策を正当化（差止めを否定）してよいように思われるが、事前の差止めの場面では時間的な制約が大きく、強圧的となりやすいことから、洗浄効果は取締役の行為規範（レブロン基準・ユノカ

---

(90) この点について、星・前掲注(2)32頁、35頁、白井・前掲注(11)294頁〜295頁参照。
(91) この点について、星・前掲注(2)35頁参照。

ル基準）に及ばないと解するのが妥当である[92]。

V　結びに代えて

　組織再編（基礎的な変更）や買収防衛策の導入・発動について最終的に株主の意思が尊重されるとして、株主の意思とは何か、いかなる問題についての株主の意思か、なぜ株主の意思が重視されるのか、株主意思の原則の限界は何か、それはいかなる状況かが問題となる。Corwin判決とその前後の米国におけるRatificationの法理をめぐる議論によれば、十分な情報に基づき、強圧性のない状態で非利害関係株主の多数が特定の議案に賛成する（公開買付けの応募状況を含む）ならば、株主意思を尊重して緩やかな審査基準を適用するアプローチが採られる。わが国では、米国のようなＭ＆Ａをめぐる訴訟の濫発という事態は生じておらず、また経営判断原則の内容・運用に示されるように、同原則の精神を受容しつつも、立証責任の転換や裁判所の審査基準の明らかな緩和が認められるわけではなく、株主意思の確認の効果として、注意義務違反・責任の免除、立証責任の転換や裁判所の審査基準の緩和というアプローチを採用することには困難が伴う。とはいえ、わが国でも買収防衛策の正当化等として株主意思の原則が用いられており、その場合には、個別の事案において、株主意思の尊重の限界、とりわけ十分な情報が提供されたか、さらに強圧的ではないかについて、より丁寧に審査する必要がある。そして、そのような条件が満たされる場合、組織再編の効力発生あるいは買収防衛策の正当化以外にも、株主意思の原則に基づく事実上の効果を認めてよいのではないかと思われる。

　＊本研究は、JSPS科研費23K01177の助成を受けたものである。

---

(92)　わが国において株主意思の原則に基づいて買収防衛策の適法性を基礎づける場合、議決権行使を歪めるものでないか慎重に審査すべきである。また、事後の損害賠償請求による規律づけは十分でないことを理由として、事前の救済（差止め）による規律づけを肯定的に評価する立場（白井正和「構造的な利益相反のあるＭ＆Ａ取引の規律」商事法務2367号(2024)34頁〜35頁参照）は、株主意思の原則の適用（差止めを否定する）の是非を論じるものではないが、株主への十分な情報提供がなされない場合に差止めを認める。

第5章
ドイツ企業買収法における価格規制と対象会社株主の保護

齊藤真紀

1 本稿の関心

　令和6年に、公開買付け規制の大幅な改正が行われ[1]、いわゆる3分の1ルールの閾値が30％に引き下げられるとともに、同ルールの対象に市場内取引が含まれることとなった。同改正の立法過程においては、欧州型強制的公開買付け制度の導入についても関心が寄せられていた[2]。

　欧州型強制的公開買付け制度とは、対象会社の支配権を取得した者に、対象会社の残りのすべての株式について、価格規制に服する価格で買付けの申入れをすることを強制する制度である。英国で採用され[3]、それに倣って策定されたEU企業買収指令[4]5条にも定められており、構成国のオプトアウトが認められていない。

　強制的公開買付け制度の趣旨は、支配株主の登場・交代に直面した対象会社株主に、適正な対価と引換えに退出する機会を付与し、合わせてこれらの株主が支配プレミアムに平等に参加する機会を確保することにあるといわれる[5]。

---

(1) 「金融商品取引法及び投資信託及び投資法人に関する法律の一部を改正する法律」（令和6年法32号）。
(2) 金融審議会「公開買付制度・大量保有報告書制度等ワーキング・グループ」報告（2023年12月25日）2頁。
(3) The City Code on Takeovers and Mergers, 14th edition, 11 December 2023, Rule 9.1.
(4) Directive 2004/25/EC of the European Parliament and of the Council of 21 april 2004 on takeover bids.
(5) 北村雅史「企業結合の形成過程」森本滋編『企業結合法の総合的研究』（商事法務、2009）15頁以下参照。

同制度は、いわゆる価格規制を伴う[6]。例えば、EU企業買収指令5条1項は、強制的公開買付けの価格が「衡平な価格（the equitable price）」であることを求め、同条3項前段は、公開買付け開始前の一定期間（6ヶ月以上12ヶ月以下の構成国が定める期間）に公開買付けの対象となった証券に対して支払われた最も高い価格が衡平な価格と看做されるべきであるとする。また、同項後段は、公開買付期間中の別途買付けにおいて、公開買付価格よりも高い価格で対象となる証券を取得した場合には、当該価格以上に公開買付価格を引き上げなければならないとする。このような価格規制により、公開買付け内における応募株式の平等な取扱いだけでなく、公開買付け外の買付けと公開買付けとの価格の平等がはかられ、対象会社株主に退出権と支配プレミアムへの参加が保障されることになるのである。

　価格規制の導入に際しては、適正な価格の算出方法をどのように規定するべきかと並んで、同規制をどのようにエンフォースするかも検討課題となる。価格規制を伴う公開買付け規制においては、通常、公開買付けの実施にあたり、監督機関に、公開買付け価格を含む公開買付けの条件を審査する機会が与えられるため、価格規制に違反する公開買付けの計画は、監督機関により阻止されるはずである。しかし、審査は限られた時間と情報のもとで行われることから、あらゆる違反が審査で判明するわけではない。監督機関の審査に違反防止に対する過度の期待を寄せれば、監督機関の担当官がより念入りに審査をしようとして、公開買付けの迅速な実現が妨げられるおそれもある。

　監督機関による事前審査と事後的に判明した違反にかかる制裁ないし利害調整のメカニズムの組み合わせ方にはいろいろな形があり得る。EU企業買収指令は、最低限の規律を定めるに留まっており、規制のエンフォースメントを含め、規制の設計の詳細を構成国に委ねている。対象会社株主のような私人にいかなる権利を付与するのか（行政法上の手続にかかるものか、司法上の手続にかかるものか、監督機関に対するものか、買付けの当事者間にかかるものか）についても同様である。我が国の資本市場規制でよく用いられる課徴金・罰金

---

[6] 「ベスト・プライス・ルール」、「ベスト・プライス・プリンシプル」と呼ばれることもある。後述のように、規制は、公開買付けの対価の金額だけでなく種類にも及ぶが、「価格規制」と呼ばれることが多いので、本稿においてもそれに倣う。

による制裁には抑止効果は期待し得るが、価格規制により保護されるべき対象会社株主が被った不利益は解消されない。

本稿では、将来、我が国において欧州型強制的公開買付け制度の導入が検討される場合に備え、対象会社株主の保護の一例として、ドイツの企業買収法の状況を紹介する。

2　ドイツにおける公開買付規制

ドイツにおいては、EU企業買収指令の策定に先立って、2001年に制定された「有価証券取得及び企業買収に関する法律[7]」（以下「企業買収法」という）に、制定当初から強制的公開買付け制度が設けられていた。

ドイツにおいては、公開買付けは3つの類型に分けて規定されている。第一の類型は、一般の株式その他の有価証券に対する買付申込みである（企業買収法2条1項・2項、10条参照）。第二の類型である企業買収買付申込み（Übernahmeangebot）とは、任意で行われる対象会社株式に対する買付申込みのうち、支配権取得を目指すものである（同法29条1項）。第三の類型である強制的買付申込み（Pflichtangebot）は、ドイツにおける強制的公開買付けに該当し、ある会社の支配権を取得した者が、当該会社の残りの株式に向けて行わなければならない公開買付けである（同法35条1項・2項）。

第一類型の一般の有価証券買付申込みに関する規定は、公開買付けの基本形を定める。公開買付けの透明性、対象会社株主に対する情報提供及び検討時間の確保並びに株主の平等な取扱いを担保するための諸規定（公開買付期間（同法16条1項）、情報開示（同法11条・14条）、応募数が買付の上限を上回る場合の按分比例の原則（同法19条）など）が設けられている。第二類型・第三類型に属さず、第一類型の規律のみが適用される買付申込みは「単純な買付申込み」と呼ばれる。

---

(7)　Wertpapiererwerbs- und Übernahmegesetz（WpÜG）vom 20.Dezember 2001（BGBl. I S. 3822）。ドイツの企業買収法の策定までの経緯およびその概要については、例えば、泉田栄一「ドイツ企業買収法について」早川勝ほか編『ドイツ会社法・資本市場法研究』（2016年、中央経済社）531頁参照。同法は、その後、EU企業買収指令の国内法化のために改正されたが、小幅なものに留まった。また、企業買収実務も含めた紹介として、玉井裕子ほか「ドイツにおける上場会社のM&A」商事法務2131号（2017年）35頁も参照。

第二類型の企業買収買付申込みに関する規定は、支配権取得が企図されていることに対応する特則に当たる（同法34条参照）。支配権取得の閾値は、対象会社の議決権の30％と定められており（同法29条2項1文）、このような議決権の獲得を目的とする公開買付けにおいては、部分買付けが認められていない（同法32条）。すなわち、ドイツにおいては、支配権取得を目指す株式公開買付けは、必然的に全部買付けとなる。価格規制は、この企業買収買付申込みに関する規律として置かれている（同法31条）。

　第三類型の強制的買付申込みには、価格規制や全部買付け義務を含む企業買収買付申込みに関する規律の多くが準用される（同法39条）。任意で企業買収買付申込みを実施した買収者は、強制的買付申込みの実施義務から解放される（同法35条3項）。企業買収買付申込みにおいては、最低応募株式数を定めることができるために、最初から支配権取得を目指す場合には、強制的買付申込みよりも、企業買収買付申込みが好まれると言われる[8]。

　公開買付けの実施を決定した者は、まず、その旨を公表しなければならず（同法10条1項）、その後4週間以内に、監督機関であるBaFin（Bundesanstalt für Finanzdienstleistungsaufsicht、連邦金融監督庁）に関係書類（以下「公開買付関係書類」という。わが国の公開買付届出書に対応する。）を提出して、審査を受けなければならない（同法14条1項）[9]。迅速な買付けの実現のため、BaFinによる審査には期間制限が設けられている。一般に10日であるが（同条2項2号）、法令に違反していると認められる場合、違反に対する対応を求めるために、さらに5日延長することができる（同条2a項2文）。この期間内にBaFinが次の禁止の決定をしなければ、原則として[10]、公開買付関係書類を公表し、公開買付けを開始することが認められる（同条2項2号参照。開示につき、同法11条1項1文、14条3項。対象会社への送付につき、同法14条4項）。

　BaFinが公開買付けの実施を禁止（untersagen）するべき場合が、企業買収法15条に定められている。それによれば、①公開買付関係書類が法令により

---

(8)　玉井ほか（前掲注7）39頁。
(9)　本文においては、関連する手続のうち、本稿のテーマに関係する点のみ記述している。詳細については、玉井ほか（前掲注7）41頁参照。
(10)　BaFinが事実上禁止の決定をしながら、正式な公示ないし伝達がされない場合に、その期間を埋めるために、さらに5日の延長が認められる（企業買収法14条2a項3文）。

求められる情報を含まない場合、②公開買付関係書類に記載された情報が明らかに（offensichtlich）法令に違反する場合、③買付者が同法14条1項1文に違反して公開買付関係書類をBaFinに提出しない場合、④公開買付関係書類の公表が、BaFinが公表を認可した後に遅滞なく行われなかった場合、又は⑤公開買付関係書類の公表ないし公開買付けの決定が、公開買付けの禁止期間内に同禁止に違反して行われた場合には、禁止しなければならない（同法15条1項）。また、⑥公開買付けの公表方法が法令に違反していた場合にも、禁止することができる（同条2項）。

本稿との関係では、②が特に重要である。BaFinは、当該書類の審査により、企業買収買付申込みまたは強制的買付申込みに該当するにもかかわらず、これらに適用される規定に従っていないことが明らかである場合には、実施を認めることができない。ただし、上記の通り、審査の範囲は、「明らか」な法令違反に限定される（同法15条1項2文）。

3　価格規制の概要

企業買収買付申込み及び強制的買付申込みにおいて提供されるべき対価の内容は、企業買収法31条及び（同条7項による委任に基づき策定された）「公開買付関係書類の内容、企業買収買付申込み及び強制的買付申込みにおける反対給付並びに公開買付けの開始の公表及び実施に関する義務の免除に関する規則」（以下、「申込規則」という）に定められている。

企業買収法31条1項は「公開買付者は、対象会社の株主に対して適正な反対給付を提示しなければならない。適正な反対給付を決定するにあたっては、原則として、対象会社の株式の平均取引価格及び公開買付者、共同行為者、またはそれらの子会社による対象会社の株式取得を考慮するものとする。」と定める（以下において、「公開買付者等」とは、公開買付者、及び公開買付者にその議決権が合算されることになる共同行為者、並びにそれらの子会社を指すものとする）。同条の価格規制は、企業買収買付申込みにかかるものであるが、同法39条により、強制的買付申込みにも準用される。

なお、上記の通り、ドイツにおいては、価格規制が適用される企業買収買付申込み及び強制的買付申込みにおいては、部分買付けは禁止されている。以下

において「応募株主」という場合、当該株主が公開買付けに応募した株式はすべて買い付けられる（ゆえに、不本意な手残り株は生じない）ことを前提とする。

　　a．時価

　まず、公開買付けにおける対価は、公開買付けの開始時における時価をその価値において下回ってはならない。具体的には、対象会社株式の時価は、公開買付けの決定の公表前（強制的買付申込みの場合には、支配権取得の公表前）3ヶ月間（または、上場から3ヶ月満たない場合には上場時からの実施時までの）対象株式の国内証券取引所における加重平均市場価格とされる（申込規則5条1項・2項）。対象会社株式が、EU経済圏内の他の国の証券取引所のみにおいて上場されている場合には、当該取引所における取引価格の3ヶ月間の加重平均値が同様に参照対象となる（申込規則6条）。

　ただし、市場価格に依拠できない場合には、基準となる時価は、企業評価により算出される。具体的には、公開買付け開始の公表前3か月前において、対象会社の株式について取引所価格が確定した日が取引日の3分の1に満たず、連続する複数の株式市場価格が5％超乖離する場合がそれに当たる（申込規則5条4項・6条4項）。この場合には、企業評価に基づき算出された対象会社株式の価値が最低額となるが、この企業評価につき責任を持つのはBaFinである。

　対価が株式である場合におけるその評価も、上記の例による（申込規則7条）。ドイツにおいては、株式交換買付けは非常に少ないようである。

　　b．事前取得

　公開買付価格は、公開買付者等が公開買付関係書類の公表前6ヶ月以内に公開買付者等が対象会社の株式を取得した、または取得することを合意した金額のうち、最も高いものを下回ってはならない（申込規則4条）。

　なお、b．ないしd．に紹介する価格規制の対象となる公開買付け外の「取得」には、株式の引渡しを請求しうる地位を保障する合意も含まれる（企業買収法31条6項1文。ただし株主割当ての新株発行時における株式引受権の行使は含まれない。同2文）。

　　c．別途買付け

　ドイツにおいては、公開買付期間中の別途買付けは禁止されていないが、公開買付期間中（公開買付関係書類の公表後、公開買付終了の公表以前）に、別

途買付けにおいて、公開買付けで提示された対価よりも価値が高い対価による買付けが行われた場合または合意された場合には、公開買付けの対価が後者と同等の価値にまで引き上げられる（同法31条4項）。

この規定は、応募株主と買付者との間の売買契約の内容が法律により当然に変更されることを定めていると解されている[11]。別途買付けの規制は、後述の事後取得とは異なり、証券取引所内の取引にも及ぶ。

d．事後取得

公開買付者等が、公開買付終了後（正確には、公開買付終了の公表後）1年以内に、証券取引所外で[12]、公開買付けで提示された対価よりも価値が高い対価による買付が行った場合または合意した場合、公開買付けに応じた株主は、公開買付け価格との差額に相当するユーロ建ての現金の支払を、公開買付者に請求することができる（同法31条5項）。ただし、対象会社の株主に対する代償として行った取得、及び合併、分割、又は資産譲渡による対象会社の資産の全部若しくは一部の取得を通じた取得は、適用対象外とされている（同項2文）。

e．対価の種類

価格規制は、対価の種類にも及ぶ。具体的には、対価はユーロ建ての現金か、流動性のある株式でなければならず（同法31条2項1文）、議決権付き株式に対する買付けの対価として株式が提示される場合には、それは議決権付き株式でなければならない（同2文）。さらに、公開買付開始決定の公表前6ヶ月から公開買付期間終了時までの間に、公開買付者等が、対象会社の株式または議決権の5％以上を現金で取得した場合には、ユーロ建ての現金を対価として提示しなければならない（同条3項）。

4　対象会社株主の私法上の請求権

(1)　対象会社株主の救済

対象会社株主が価格規制に関連する違反を伴う公開買付けによって被った不

---

(11)　Schwark/Zimmer/Noack/Zetzsche, Kapitalmarktrechts-Kommentar, 5. Aufl. 2020 [zitiert als Schwark/Zimmer/Autor], WpÜG §31 Rn. 84-86.
(12)　市場外において買い増すと本文の責任が生じるリスクがあることから、該当する期間中は市場内での買増しのみ行うことが通常であるとされる。玉井ほか（前掲注7）43頁。

利益の救済が問題となりうる場面として、以下の3つが考えられる。
①公開買付関係書類の記載事項における虚偽又は不開示
②強制的買付申込みの不実施
③実施された公開買付けの対価の価格規制違反

　BaFinが実施を認めた公開買付けに上記①や③に該当する事情があると考える対象会社株主が、不服申立てを通じて、BaFinに対し、買収者の行動を是正する命令（例えば、公開買付けのやり直しや公開買付け価格の引上げ）を出すよう促せるかが問題となるところ、その可能性はほとんどないといってよい。ドイツの企業買収規制は、公正な企業買収市場の運営に向けられており、少なくとも、BaFinの監督との関係では、対象会社株主は、BaFinの監督の反射的利益を受ける存在にすぎないと位置づけられている。BaFinの措置に不服を申立てる制度はあるものの、BaFinの措置の名宛人ではない対象会社株主には申し立てる資格は認められない[13]。

　ドイツの企業買収法制定当時、対象会社株主個人に対する救済に対する研究者・実務家の関心は低かったため、関連する規定はわずかしか設けられず、EU企業買収指令の国内法化に際しても、追加されることはなかった[14]。

　①については、企業買収法12条が、公開買付関係書類の不実記載等にかかる関係者の民事責任を定める。同責任は、資本市場規制における他の開示書類にかかる不実記載等による責任と同趣旨のものである。具体的には、公開買付関係書類に記載された情報のうち、公開買付けの評価にとって重要な情報が不正確または不完全であった場合、公開買付けに応募した者（及びスクィーズ・アウトにより株式を手放した者）は、公開買付関係書類を発行した者（公開買付者はこれに該当しうる。）及び当該書類の内容につき責任を引き受けた者に

---

(13) *Krause* in Assmann/Pötzsch/Uwe H. Schneider, Wertpapiererwerbs- und Übernahmegesetz Kommentar, 4. Aufl. 2024 [zitiert als *Bearbeiter* in Assmann/Pötzsch/Uwe H. Schneider]、§31 Rz. 172. BaFinの措置にいわゆる第三者保護（Drittschutz）の機能が認められ、その保護の対象に対象会社株主が含まれれば、申立が認められる可能性があるが、一般には第三者保護の機能を有しないと解されている（企業買収法4条2項参照）。
(14) ドイツの企業買収規制における株主保護の脆弱さを批判するものとして、Baum, Protection of third-party interests under German takeover law, in Michel Tison et al. (eds), Perspectives in Company Law and Financial Regulation (Cambridge University Press, 2009) pp.402-412.

対し、公開買付けへの応募（または株式の移転より）生じた損害を賠償するよう請求することができる（同法12条1項）。上記の通り、応募又は株式を手放した者しか当該責任を追及することができず（同法3項1号も参照）、また応募者が当該不実記載等を知っていた場合や、応募の前に当該不実記載等につき公表された場合にも請求は認められない（同3項2号・3号）。また、責任を問われた者が、不実記載につき善意で無重過失であったことを証明した場合には責任を免れる（同条2項）。

②に対する制裁としては、実施義務違反が続いている間の株主権の停止（同法59条）、罰金（同法60条）のほか、利息請求権（同法38条）がある。企業買収法38条によれば、買収者は、強制的買付申込みの実施を懈怠していた期間にかかる利息（年利5％）を対象会社に支払わなければならない。懈怠の期間とは、具体的には、①強制的買付申込みの実施に関する公表を懈怠した期間、②公開買付けの実施を懈怠した期間、または③BaFinに実施を禁止され、後日禁止を解除され、実施するまでの期間である。

他方で、連邦通常裁判所は、2013年6月11日BKN事件判決において、強制的買付申込みの懈怠が認められる場合においても、支配権取得者に対する、対象会社株主の、公開買付けの実施を請求する私法上の請求権はないとしている[15]。前述の利息請求権も、最終的に公開買付けが実施された場合の対価につき認められるに留まる[16]。

ドイツにおいては、法令違反行為につき不法行為責任が認められるのは、当該法令が私人の権利を保護する「保護法規」としての性質を有する場合に限定される（民法823条2項）。強制的買付申込みの実施義務を定める企業買収法35条が、民法823条2項の「保護法規」に該当する場合には、同項に基づく不法責任が成立する余地がある。しかし、企業買収法の諸規定は保護法規には該当しないという解釈が定着しており、支配権取得者が企業買収法に違反した場合にも、一般の不法行為責任が認められる余地はほとんどない[17]。

---

(15) BGH Urteil vom 11.06, 2013, WM 2013, 1511。後述のポストバンク事件判決にも、同判決が引用されている。

(16) Münchener Kommentar zum Aktiengesetz/ Wackerbarth, 6. Auflage 2024[zitiert als MüKoAktG/Autor], WpÜG §31 Rn. 100.

(17) 企業買収法31条も、保護法規に該当しないことにつき、Celesio第2事件判決（BGH v.

すなわち、②の強制的買付申込みの懈怠へのドイツ法の対応は、直接・間接の圧力を通じて、公開買付けを実施させることに向けられている。
　③のうち、より有利な条件による別途買付けの場合（同法31条4項）には、買収者と応募株主との間に成立することになる証券売買契約の内容（対価にかかる合意）が、企業買収法31条4項により変更される。事後取得の場合、企業買収法31条5項により、応募株主には、買収者に対する差額（ないし適正な種類の対価の）請求権が認められる（以上につき前述3c.参照）。
　これに対して、BaFinが実施を許可した公開買付けの条件が、当初より、客観的に価格規制に違反していた場合に、適正な対価と実際の公開買付け価格との差額の請求が認められるのかについては、解釈に委ねられている。手がかりとなる企業買収法31条1項と申込規則3条は、適正な対価であるべきことを定めるにすぎず、株主の権利に言及していないからである。
　公開買付けは、監督機関の監督を受けながら行われる取引であり、価格規制違反の買付け計画は、本来は、BaFinの審査により阻止されるはずである。価格規制に違反する対価が設定された場合、公開買付関係書類の記載事項に法令違反があるものとして、BaFinによる書類審査における禁止事由（同法15条1項2号。前述2参照）に該当することになる[18]。強制的買付申込みの場合、価格規制に違反する買付け条件ではBaFinの審査を通らず、他方で、強制的買付申込み実施義務から免れるわけではないので、後日、適法な公開買付けを実施する場合、価格規制により算出される最低額に前述の利息を付した金額以上の対価を提示しなければならない（利息請求権）。
　しかし、前述2の通り、BaFinの審査には時間的な制限が設けられており、審査の深度も限定されているため、価格規制違反の公開買付けが、審査の目をすり抜けて実施される事態が生じうる。このような事態の例として、適正な価格の算出に関連する事前取引において複雑な価格の決定方法が採用された場合や、BaFinも十分に把握得ない事前取引や共同行為者による買付けにより、より早い時期に支配権取得があったと後日評価されるに至る場合などが挙げられ

23.11.2021, NZG 2022, 276, Rz 43）参照。民法826条の良俗違反による責任が成立する可能性は、理論的には存在するが、その要件は厳格であるため、論じる実益はあまりない。
(18)　MüKoAktG/Wackerbarth, WpÜG §31 Rn. 104.

る(19)。後述のポストバンク事件やCelesio事件などはこのようなケースに該当する。事前取引につきBaFinが有する審査の手がかりは、公開買付関係書類に記載される事前取引に関する情報（同法2条7号）に事実上限定されているところ、この記載に漏れがある場合にBaFinによる監視が十分に及ぶことは期待できない(20)。

　前述の通り、ドイツの現行法においては、結果として誤った判断をしたBaFinに、対象会社株主が不服を申し立てる道は事実上閉ざされている。したがって、対象会社株主が保護されるべきであるなら、私法上の救済に期待せざるを得ない。

　しかし、前述の強制的買付申込みの実施義務を定める企業買収法35条と同様に、適正な対価を定める同法31条も、不法行為法上の「保護法規」には該当しないと解されているため、不法行為に基づく損害賠償請求権により救済する余地もほとんどない。そこで、支配的な学説は、不法行為以外の法理により、買付けに応じた株主には、その主観的状況を問わず、適正な対価と実際の対価との差額の支払請求権を認めようとする。その法的構成には、適正な対価（angemessene Gegenleistung）を設定すべきことを定める同法31条1項から直接導く見解、同項により、公開買付者と対象会社株主の間に成立する売買契約の内容が修正されると解する見解など、さまざまなバリエーションがある(21)。連邦通常裁判所は、この支配的学説に追随し、後述のポストバンク事件判決において、応募株主に差額支払請求権を認めた。

　一部の見解は、適正な対価を設定することを命じる企業買収法31条1項により私法上の請求権を基礎づけることに反対する(22)。この見解は、主観的事情に左右されない責任による利害調整の妥当性に対する疑問から唱えられているも

---

(19) Verse, Neues zum Rechtsschutz der Aktionäre im Übernahmerecht, Der Konzern 2015, 2. もう一つの例は、対象会社の株式に流動性が欠けるために株式の評価が必要となる場合であるが、流動性が欠如している場合に株価を基礎とせずに株式評価に委ねる申込規則5条4項については、立法論的な批判が強い。Verse, a.a.O., 2.
(20) Verse (Fn.19), 2.
(21) 本稿では省略しているが、後述のポストバンク事件判決において、各見解が紹介されている。
(22) この立場は、ポストバンク判決前から主張されていたが（Lappe/Stafflage, Unternehmensbewertungen nach dem Wertpapiererwebs- und Übernahmegesetz, BB 2002, 2185, 2189f.）、後述のように同判決以降も、引き続き有力である。

のである。これらの見解のうち有力なものは、企業買収法31条1項は、対象会社株主に直接私法上の請求権を付与するものではないとし、株主は、公開買付けにおいて申し出られた対価を得られるにすぎない存在であるとする。このような見解は、同法31条1項に違反する公開買付けにおいて、不実記載等にかかる民事責任を定める同法12条の責任成立の要件が満たされれば同条に基づいて、あるいは契約締結上の過失に基づいて、損害賠償請求権を認めようとする（いずれも過失責任）[23]。

(2) ポストバンク事件

事案の概要は以下の通りである。

ドイツ銀行株式会社（die Deutsche Bank AG、以下「ドイツ銀行」という）は、2010年10月7日、ポストバンク株式会社（die Postbank AG、以下「ポストバンク」という）の全ての株主に対し、1株あたり25ユーロで買い付ける企業買収買付申込みの実施（以下「本件買付け」という。）を公表した。同価格は、開始決定の公表前3ヶ月のポストバンク株の平均株価に対応するものであった。本件は、同買付けに応募したポストバンク株主であるエフェクテン・シュピーゲル株式会社（第一審原告、以下「原告」という）が、ドイツ銀行に対し、公開買付価格が価格規制に違反するとして、適正な価格との差額の支払を請求した事案である。

本件公開買付けに先立つ2008年9月12日、当時ポストバンクの親会社であったドイツポスト株式会社（以下「ドイツポスト」という）は、ドイツ銀行と株式譲渡にかかる契約を締結していた（以下「当初の契約」という）。同契約に

---

[23] このほか、公開買付け期間後に適正価格を引き上げる事前取引の存在が明らかになった場合には、圧倒的多数を獲得した買収者に対する残存株主の買取請求権を定める企業買収法39c条の類推適用により、買取請求が認められるという見解もある。Witt, Angemessenheit eines Übernahme- oder Pflichtangebots und Zurechnung von Stimmrechten: Die Postbank-Entscheidung des BGH, DStR 2014, 2134. しかし、これについては、公開買付け価格よりも有利な条件による事後取引が行われたケースも、公開買付期間経過後に明らかになった事情が適正対価の算定に影響を与える点において変わりがないが、事後取引にかかる企業買収法31条5項において立法者は明示的に権利行使者を応募株主に限っていることから、類推適用により調整しなければ整合性が欠けることになるような法の欠缺は存在しないと批判されている。Verse (Fn. 19), 3; Zschocke, Zum Schutz des nicht annehmenden Aktionärs nach dem WpÜG, FS Marsch-Barner, 2018, S. 607.

よれば、ドイツ銀行は2009年第1四半期にポストバンクの株式29.75％を1株あたり57.25ユーロでドイツポストから取得することになっていた。さらに、ドイツ銀行には、当該少数株取得後12〜36ヶ月の間に、ポストバンク株式を1株あたり55ユーロで18％追加取得するオプションが与えられていた。また、ドイツポストには、ドイツ銀行による当該少数株取得後21〜36ヶ月の間に、ポストバンク株式の20.25％に1株を加えたものを、1株あたり42.80ユーロでドイツ銀行に売却するオプションが付与されていた。

2008年第4四半期に、ポストバンクは5480万ユーロの増資を実施し、新株の大半はドイツポストにより引き受けられた。これにより、ポストバンク株式のドイツポストの所有割合は50％から62.35％に増加した。

その後の2008年末、ドイツ銀行とポストバンクは当初の契約の実行を延期することで合意し、翌2009年1月14日、両社は「ポストバンクの株式取得に関する修正合意」（以下、「修正合意」という）を締結した。同合意では、当初の計画とは異なり、ドイツ銀行によるポストバンク株式の取得は、以下の3段階で実施されることとされた。第一段階として、ドイツ銀行はポストバンクから5000万株（＝基本資本の22.9）を1株あたり23.92ユーロで買い取る。第二段階として、ドイツ銀行は、2012年2月25日に満期を迎える強制転換社債により、1株あたり45.45ユーロでポストバンク株式を、さらに6000万株（＝株式資本の27.4％）取得する。第三段階として、ドイツ銀行は、2012年2月28日から2013年2月25日の間に権利行使可能なコールオプション及びプットオプションにより、残りのポストバンク株式約2600万株（株式資本の12.1％）を、コールオプションについては1株あたり48.85ユーロ、プットオプションについては49.42ユーロで取得する。その後、実際に、ドイツ銀行は子会社を通じてポストバンク株式の22.9％を取得し、転換社債を引き受けた。

原告は、本件買付けよりも前に、ドイツ銀行はポストバンクの支配権を取得しており、その取得による強制的買付申込みを実施していれば、企業買収法が定める適正な対価は本件買付けの公開買付け価格より高かったはずであるとして、適正な価格と本件買付け価格との差額の支払を請求した。

修正された合意によれば、ドイツ銀行によるポストバンクの株式取得の大半は、本件公開買付けの実施後に行われることになっていた。しかし、当初の契

約または修正合意の時点で支配権取得が認められれば、合意によりドイツ銀行がドイツポストに支払うことになる最高価格が、適正な価格の基準値とされる余地がある。そのために生じた紛争である。

連邦通常裁判所は、実際に本件買付けよりも前にドイツ銀行がポストバンクの支配権を取得していたか、またそのためにより高い価格で強制的買付申込みを実施する義務があったかを明らかにするために、事件を原審に差し戻した。しかし、連邦通常裁判所は、以下のように述べて、仮に適法な強制的買付申込みが実施された場合の適正な対価が本件買付け価格より高かった場合には、対象会社株主にその差額の支払請求権が認められるとした。

2014年7月29日連邦通常裁判所判決（抜粋）

(C). I. 支払請求権が企業買収法35条2項または民法823条2項及び企業買収法35条2項より発生するという理由だけでは、この訴えは正当化されない。被告が、2008年、あるいは少なくとも2009年の初頭に、企業買収法35条2項1文により強制的買付申込みを公表する義務を負っていたとしても、そのような買付申込みの公表の懈怠は、強制的買付申込みの条件が満たされた時点に関連づけられた反対給付を伴う株式の引取りを株主が請求する権利につながるものではない。2013年6月11日の連邦通常裁判所の判決［筆者注：BKN事件判決］で示されたように、対象会社の株主には、支配権取得者が義務に違反して強制的買付申込みを行わなかった場合において、企業買収法35条2項または社員権に基づく債務関係、あるいは企業買収法35条2項と民法823条2項の併用による支払請求権は認められない。

II. 原告の未払金請求権は、被告による2010年10月7日の（任意の）企業買収買付申込みから生じる可能性がある。原告は、この買付申込みに応じた。したがって、被告は買付申込みで提示した通り、ポストバンク株式1株あたり25ユーロの反対給付を交付しなければならなかった。被告は、この金額を支払った。しかし、（上告審における法的判断のもとにおかれるべき）取引保護条項の合意に基づき、買付申込みの公表前にすでに企業買収法29条2項に定める支配権を獲得しているために、申込規則4条及び5条の参照期間が延長される[24]結果として、対価が適正でなかったことになる場合には、被告は

---

(24) 連邦通常裁判所は、「延長される」（verlängern）という表現を取っているが、これは、「前

第5章　ドイツ企業買収法における価格規制と対象会社株主の保護

追加の支払をしなければならない。
1．企業買収法31条1項1文によると、買付者は株主に対して適切な反対給付を提供しなければならない。株主が、買付者に対して、提供された反対給付と適正な反対給付との差額の支払を請求できるかについては、法律学術論文で議論されている。「適正な」という文言にもかかわらず、株主は買付申込みで提示された対価のみを受け取る権利を有し、その対価が適正でない場合は、企業買収法12条により損害賠償を請求できるにすぎないという見解もある（文献略）。これに対して、その教義学的なアプローチは様々であるものの、支配的な見解によると、企業買収法31条1項と申込規則3条以下に照らして反対給付が適正でない場合、支払請求権は発生する（文献略）。

　買付申込みの対価と適正な反対給付との差額の支払を求める私法上の強制実現可能な請求権を認める支配的な見解は正当である。

　企業買収法31条の体系（die Systematik）は、すでにこの解釈を支持する。同条4項及び5項によると、別途買付けまたは事後取得の場合、買付者は株主に対して、公開買付け価格と別途買付けまたは事後取得で提示された価格との差額を支払わなければならない。一般的な見解によると、これは買付申込みに応じた株主の（私法上の）請求権に基づくものである（文献略）。このような場合に私法上の請求権が存在するにも関わらず、当初から買付申込みの反対給付が不十分である場合には存在しないとすれば、そのような考え方は理解しがたいと言わざるを得ない。

　企業買収法の体系及び目的も、私法上の請求権が成立することを支持する。確かにBaFinは買付者の企業買収買付申込みを審査する。しかし、［筆者注：当時の］企業買収法14条2項1文2号および第3文によれば、その審査期間は10～15営業日しかなく、審査基準は同法15条1項2号に定める「明らかな」法律違反である。したがって、BaFinによる買付申込みの審査は、民事裁判所における法的紛争の文脈における審査と同じ深度のものではない。企業評価が、反対給付の適正さ（例えば、申込規則5条4項を参照）を左右しうる場合がある。いずれにしても、BaFinの審査手続は、時間的にも内容的にも

倒しになる」と理解すべきであるとされている。Verse（Fn.19）, 5. 特に時価基準については、参照期間が「延長される」結果、長くなれば、平均株価は低くなる可能性もあり、買付者の法律違反により、対象会社株主が不利な扱いを受けるべきではないからである。これに対し、仮に、義務発生時点を基準に算出した場合には、適正な価格がより低くなってしまう場合については、本判決の射程は及ばない。Stephan, Zivilrechtlicher Rechtsschutz im Übernahmerecht nach der „McKesson"-Entscheidung, Der Konzern 2018, 45, 49.

審査の範囲が限られているため、この問題については適していない。公開買付関係書類における不正確または不完全な記載により、企業買収法12条に基づく損害賠償請求の可能性があるとしても、このことは、同法31条1項の私法上の効力を認めることを否定するものではない。まず、同法12条により保護されるべきもの（Schutzrichtung）は、同法31条のそれとは異なる。前者の趣旨は、対象会社の株主に適正な情報提供が行われることを保障することであるが、後者の趣旨は、切迫した、または現実になった支配権取得に際して、株主にとって無理のない方法で対象会社から退出することを可能にすることである。さらに、同法12条2項に基づく損害賠償請求には買付者の悪意または重過失が必要であり、公開買付けへの応募時点で、公開買付関係書類の情報が不正確であったことを請求者が知っていた場合は、同条3項2号により適用が除外される。しかし、このような事情は、株主に適正な反対給付（に対する請求）を差し控えさせる理由にはならない。

　企業買収法の目的は、公開の市場における取引をできるだけ迅速に、かつ参加者にとって法的に可能な限り安全な形で決済することにある（文献略）が、私法上の適正な反対給付請求権を否定するものではない。このような請求権は取引の実行自体を阻害することはない。唯一起こりうるのは、評価に不確実性が生じることであり、これは企業買収法の適用範囲には、価格審査手続（Spruchverfahren）が規定されていないという事実によってさらに助長される（文献略）。しかし、通例、評価に関する明確な準則が［申込規則］3条以下に定められていることで、紛争は回避される。さらに言えば、企業買収法12条に基づく損害賠償請求の可能性があるため、買付け価格の確定に際して生じるリスクは［いずれにしても］排除することはできない。

　資本市場モデル訴訟法（Kapitalanleger-Musterverfahrensgesetz）の立法者は、上記の限りにおいて私法上の請求権に関する紛争が生じる可能性があることも想定していたようである。これは、同法の適用範囲が、企業買収法（文献略）に基づく買付申込みに関する契約から生じる履行請求権にまで及ぶためである（資本市場モデル訴訟法1条1項3号（旧法1条1項1文2号））。同法1条に関する支配的な見解によれば、これには別途買付け及び事後取得から生じる請求だけでなく、当初より申込規則3条以下の意味における適正な反対給付に基づかない契約から生じる請求も含まれる（文献略）。

　最後に、私法上の強制実現可能な、適正な反対給付の支払請求権を認めることは、連邦通常裁判所の判例法に矛盾するものではない。裁判所は、支配

権取得者が企業買収法35条2項に従う強制的買付申込みの公表をしなかった場合においても、対象会社株主は支配権取得者に対して何らの請求権も有しないと判示した（BKN事件判決、文献略）。しかし、同事案は、実施された買付申込みの対価の適正さにかかる本件と比較可能ではない。企業買収法には、買付申込みを実施しないことが義務違反になる場合に関する特別規定が設けられているためである。このような場合には、「買収者」は、同法59条により、その株式から生じる権利を行使することができない。これにより、支配権取得から株主を保護するという法律の目的を達成される。「買収者」が株式から生じる権利を行使できない場合、その企業に対する支配権も有しないことになる。企業買収買付申込み［ママ］を公表した時点で、初めて支配権を取得することになる。たとえ当該買付申込みが不適正な反対給付によるものであった場合にもそうである（文献略）。そのような［買付申込みが実施された］場合にのみ、株主は、自らの退出に対する適正な反対給付に関する保護が必要となる。

　本判決は、価格規制違反にかかる公開買付者の過失の有無にかかわらず差額請求権を肯定する前述の支配的学説に拠ったものであるが、私法上の請求権がどのような法理に基礎づけられるのかを明らかにしたわけではない。また、上記の判示は企業買収買付申込みに関して判断したものにすぎないが、強制的買付申込みにも及ぶと解されている[25]。同事件は原審に差し戻されたが、2017年のCelesio事件において、連邦通常裁判所は、ポストバンク事件判決に依拠し、適正な対価との差額の支払が命じた原審を支持した[26]。

（3）判例・通説に対する批判
　前述のような判例・通説に対して、以下の2点の問題点が指摘されている。
　一つは、公開買付け実施当時に価格規制違反の認識を欠いていた買収者の保

---

(25) Verse (Fn. 19), 2; Schwark/Zimmer/Noack/Zetzsche WpÜG §31 Rn. 104.; *Krause* in Assmann/Pötzsch/Uwe H. Schneider, §31 Rz. 176.
(26) BGH Urteil v. 07.11.2017, NZG 2018, 106.　同事案においては、公開買付けに先立ち、公開買付者（McKesson）が、大株主（Elliot）から転換社債の取得を通じて対象会社（Celesio）の株式を取得していたのであるが、このスキームにおける1株あたりの平均支払額（30.95ユーロ）と公開買付け価格（23.50ユーロ）との差額の支払が命じられた。

護に欠けるというものである。

　批判的な論者は、応募株主に事後的にそのような請求権を当然に求めることは、違反を知り得なかった買収者を、回避不可能なリスクにさらすことになるため、応募株主には、不実記載等にかかる企業買収法12条による損害賠償請求権が認められるに留まると解する。例えば論者の一人[27]によれば、別途買付け及び事後取得にかかる救済を定める同法31条4項・5項は特別の救済を定めたものであると解するのが立法趣旨にかなう。また、支配的学説のような請求権を認めることは、応募するかどうかが任意である公開買付けの場面と、会社法上の多数決原理に基づく社員権の強制的変更である合併等の場面を混同するものである。また、株式交換買付けにおいて、金銭対価の支払を請求できることになれば、応募株主は、請求権が時効消滅するまでの期間、買収者の負担で対価として交付された株式を使って投機できることになるが、これは不当である。不実記載等に関する責任は、過失責任（悪意または重過失）であるために、買収者に十分に注意を払って価格を決定する適切なインセンティブを付与することが期待できる[28]。

　二つ目の批判は、公開買付けの対価が不十分であると判断して応募を見送った株主に対する保護に欠けるというものである。契約法理またはそれに準じる法的構成により、応募株主には請求を認め、応募しなかった株主の請求権を否定する場合、裁判紛争が決着するまで明らかとならない公開買付けの適正な対価を得る地位を確保するために、対象株主は、応募する圧力にさらされることになる[29]。ある論者は、契約締結上の過失の法理に基づく責任を認め、過失責任とすることで、不確実な見通しに対する買収者の利益と対象会社株主の利益との利益衡量が可能となるという[30]。なお、応募しなかった株主にも請求を認

---

(27)　Schwark/Zimmer/Noack/Zetzsche WpÜG §31 Rn. 105-107.
(28)　不実開示による民事責任においては、BaFinの審査に通ったことは免責事由とはならない。Begründung zum Regierungsentwurf eines Gesetzes zur Regelung von öffentlichen Angeboten zum Erwerb von Wertpapieren und von Unternehmensübernahmen, BT-Drs. 14/7034, 42.
(29)　Zschocke (Fn. 23), 615f. なお、応募しなかった株主に請求権を認めない支配的学説の立場は、2021年のCelesio第2事件判決において連邦通常裁判所によっても、支持されている。BGH v. 23. 11. 2021, NZG 2022, 276, Rz. 22-26.
(30)　Zschocke (Fn. 23), S.622.

めるのであれば、支払請求は、持株と引換えにのみ認められることになると思われる(31)。

　もっとも、退出権が保障されるドイツにおいて意外ではあるが、圧倒的多数の論者は、応募しなかった株主の私法上の請求権を否定する立場を支持する。例えば、過失の有無を問わず応募株主に対する責任を認める判例・通説の立場に批判的な先の論者は、応募しない株主への保護の必要性が乏しいことにつき、次のように、コメントする(32)。対価が低すぎるとして応募を見送った者は、引き続き、対象会社に残存して、株式価値を享受しうる地位にある。二段階買収により、組織再編行為が続く場合には、適正な対価を手にする制度的な保障がある(33)。したがって、対象会社株主が、（本来の）適正な対価を手にする機会を強制的に奪われるのは、EU指令に伴い導入された企業買収法上のスクィーズ・アウトの場合に限定される(34)。

　しかし、支配権が移転した後の対象会社の株価は、買収成立前とは異なる値動きをすることが多いであろうから、退出権を保障するドイツ企業買収法のもとでは、適正な対価による売渡の機会が与えられなかったために応募しなかった株主に不利益がないということは言い切れないであろう。

（4）ドイツの法状況に関するまとめ

　以上から、価格規制に関連する株主の法的地位にかかるドイツの法状況の特徴は、以下のようにまとめられる。

　第一に、ドイツの企業買収法は、強制的買付申込みの不実施に対しては、BaFinの監督権限の行使を通じた直接の働きかけ、利息請求権、株主権停止、罰金という制裁を通じた間接的な働きかけにより、買付申込みの実施（または、義務を適法に免れるために必要な手続の遂行）を促す、という姿勢をとる。

---

(31)　Zschocke（Fn. 23）, S.620.
(32)　Schwark/Zimmer/Noack/Zetzsche WpÜG §31 Rn. 105-107; *Krause* in Assmann/Pötzsch/Uwe H. Schneider, §31 Rz. 180 Fn. 558; *Kremer/Kulenkamp* in Kölner Kommentar zum WpÜG, 3. Aufl. 2022, §31 Rz.117-119.
(33)　ドイツにおいては、合併等の組織再編において、すべての株主に適正な対価を手にする権利が認められており、対価の適正さにかかる司法審査の機会も保障されている。
(34)　スクィーズ・アウトの実行可能な議決権の多数を公開買付者が取得した場合には、残存株主も公開買付けと同様の条件で締め出されることになる。企業買収法39a条3項。

判例によれば、強制的買付申込みが実施されなかった場合、実施を対象会社株主が直接請求すること、適正な対価の支払を請求することを認められない。対象会社株主には、買収者に対して直接公開買付けの実施を求める私法上の請求権が認められていないだけでなく、強制的買付申込みの実施を命じるようBaFinに求める地位も認められていないため、強制的買付申込み実施義務の発生にかかる事実をBaFinに情報提供し、BaFinに命令を発令することを事実上促し得るに留まる[35]。

　もっとも、支配権取得を裏付ける事実につき情報提供されたにもかかわらず、BaFinが対応をしない事態は想定し難く、また、BaFinの命令にもかかわらず、支配権取得者が適法な対応を怠るという事態も、利息請求権や株主権停止の制度の存在に鑑みると、例外的であると思われる。

　第二に、価格規制のエンフォースメントは、まずは、BaFinによる公開買付関係書類の審査に委ねられるが、それにより阻止できなかった違反に対する救済は、民事的な解決に委ねられている。

　価格規制のうち、時価基準の遵守については、対象会社株式の市場流動性が欠ける例外的な場面をのぞいては、BaFinによる監督が行き届くことが期待しうる（あるいはこの点については、市場関係者にも明らかであるから、違反は行われにくいとも言いうる）。適正な対価にかかる私法上の請求権が意味を持つのは、価格規制が及ぶ事前取得・事後取得、または別途買付けにおいて買収者が支払った対価が、公開買付け価格を上回る場合である。このうち、別途買付けや、事後的な高値買取りは、BaFinの事前審査によって阻止されえないので、事後的な調整に頼らざるを得ないことが立法時から認識されており、応募した対象会社株主には買付者に差額を請求しうる権利が明文で認められている。

　価格規制が及ぶ事前取得において、一部の株主から高値で買い取ったことが、公開買付け価格に反映されていないために、公開買付け価格に当初より価格規制違反があるという事態も生じうる。支配権取得の有無や共同行為者の範囲の判断、適正な価格の算出にとって重要な事前取得に関する情報やそれを評価するために必要な時間をBaFinが十分に確保することが困難であることに鑑みれ

---

[35]　Stephan（Fn. 24），49.

ば、このような事態を完全に回避することは、難しい。ドイツ法の特徴は、このような価格規制違反について、BaFinが、違反の疑いが浮上したことを理由に、あるいは関係者の申立てに基づき、公開買付け実施後に当事者の関係に事後的に介入することはせず、民事的な解決に委ねている点にある。そして、判例・通説は、応募した株主に（のみ）、買付者に対する、適正な価格と公開買付け価格との差額の支払請求権を認めるに至っている。しかし、買付者の過失の有無を問わずに、差額支払義務を認める判例・通説の立場に対しては、買付者を回避ができないリスクにさらすという有力な批判がある。

　第三に、ドイツにおける対象会社株主の保護の課題として、BaFinが許可した公開買付けの対価に満足しなかったために応募しなかった株主の保護が不十分であることが挙げられる。この問題は、価格規制違反がある場合と、そうでない場合に分かれる。

　前者の場合、ドイツの判例・通説は、応募株主には、差額請求権を認めるが、応募しなかった株主には、適法な価格による買取請求権を認めない。このような法状況のもとでは、株主には売却圧力がかかるおそれがある。一部の有力な学説は、契約締結上の過失の法理により応募しなかった株主の請求権を基礎づけようとする。

　価格規制は適正な価格の最低ラインを画するに留まるため、価格規制が遵守されているというだけで、望ましい買付価格が提示されることまでは保障されない。ドイツにおいては、支配権取得のための公開買付けおよび支配権取得後に行われる強制的公開買付けにおいて、部分買付けは禁止されており、前者については公開買付け期間の追加応募期間（企業買収法16条2項）も整備されていることから、最低限の強圧性に対する制度的な手当がある点が我が国とは異なる[36]。強制的公開買付け制度があるドイツにおける課題の一つは、買付者が全部買付けを望まない場合に買付数を抑えるために最低価格ぎりぎりで全部買付けを実施したり、一部のブロック株主が高値買取りを要求する場合にブロック株式の高値取得が価格規制の適用外になるような買収スキームを考案したりする実務に対し、どのように制度趣旨の実現をはかるか、という点にあ

---

(36)　部分買付けの禁止、追加応募期間と強圧性の関係については、齊藤真紀「公開買付規制の課題」商事法務2347号（2024）54頁参照。

る。本稿においては、この点には立ち入ることはできないが、支配プレミアムの公平な分配の要請という制度趣旨については、再考の余地があるように思われる[37]。

5　我が国への示唆

　我が国が価格規制を伴う強制的公開買付け制度を導入する場合、強制的公開買付けの対価の適正さ（及び仮に任意の全部買付けを強制的公開買付けに代えることを認める場合の、当該任意の全部買付けにおける対価の適正さ）につき、監督機関が審査することになると考えられる。適正な価格が、市場関係者にも明らかな客観的な指標（例えば、一定期間の株価）により機械的に算出されうる場合には、監督機関が価格の審査に果たす役割は小さいであろう。ドイツにおいては、対象株式の流動性が低い場合には、株価を基礎に算出することができず、別途企業評価が必要になること、価格規制は、対価の額だけでなく種類にも及ぶこと、（市場関係者が必ずしも知り得ない）価格規制が及ぶ事前取引の取引条件も適正な対価の内容に影響を与えうることなどから、BaFinによる公開買付けの対価にかかる審査は形式的な確認に留まらず、実質的なものとなる場合がある。

　しかし、監督機関は、限られた時間と情報のもとで審査を行うために、違反を発見する能力には限界がある。ドイツは、限られた情報のもとで迅速な判断を求められる監督機関の対応に対する対象会社株主（投資家）からの不服申立ての道を遮断し、いったん生じた価格規制違反における利害調整は事後的な民事裁判に委ねる。価格規制のエンフォースメントの在り方の一つとして、参考になるところがあるであろう。

　また、ドイツの判例・通説は、買収者の過失の有無を問わず、適正な対価と公開買付けとの差額の支払う責任を認めるが、このような責任は、時効にかかるまで買収者にも回避不可能なリスクを負わせることになるために、過失責任とするべきである有力説の批判[38]は、説得的であるように思われる。

---

(37)　齊藤（前掲注36）57頁参照。
(38)　判例・通説による差額支払請求権の消滅時効期間は、一般の3年間となる（民法195条、199条）。有力説が依拠する不実記載に基づく民事責任については、短期消滅時効が定められて

ドイツの判例・通説によれば、公開買付けに応募しなかった株主には、買収者に適正な対価の支払を（持株と引換えに）請求することは認められない。例えば、買収者が、大株主から支配プレミアム付きの価格で買い取るようなケースでは、差額請求権により、たまたま応募した株主には支配プレミアムを享受する機会が保障されるのに、残存株主には（場合によっては将来の搾取の徴表でもある支配プレミアムの存在を知らなかったにも関わらず）認められないことになる。差額請求をしうる地位を確保するために不本意に応募する圧力が対象会社の株主にかかることになれば、買収の成否にかかる市場原理を歪めることにもなるであろう。

　ドイツの一部の学説のように、契約締結上の過失の法理等に依拠して請求を認める場合、適正な価格の算出に関連する事情（例えば関連する事前取引）を知っていた者は請求権を有しないということになりそうである（企業買収法12条3項2号参照）。一般の取引であれば、適正な価格の算出に必要な情報を知っている者は、取引条件が自己にとって不利であると判断すれば取引に応じなければそれでよく、取引できなかったことからの不利益を保護する必要性は乏しい。しかし、強制的公開買付け制度の趣旨は、適正な対価で退出機会を与えることであって、単なる情報提供ではない。情報を十分に有していても、買付者が当該価格で公開買付けをしなければ、対象会社株主には当該対価を得て退出する機会が与えられない。応募株主には差額請求権が認められるという判例法理が存在しているとしても、差額請求権がその者の想定通りに認められるとは限らない以上、株式を保有し続ける（応募しない）選択が不合理であるとは言えないであろう。適正な対価による退出を保障するという価格規制の趣旨からは、より高額な適正価格にかかる情報を知らずに、しかしながら対価が低すぎると考えて応募しなかった者と、知った上で対価が低いと考えて応募しなかった者とを区別する必要はないように思われる。

　しかし、無条件に、応募しなかった株主からの適正な価格による買取りを義

おり、具体的には応募株主が当該事実を知ってから1年、公開買付書類の開示から3年で時効消滅する（企業買収法12条4項）。なお、ポストバンク事件については、2024年現在、まだ決着がついておらず、他の応募株主からも請求がされ、請求総額は7億ユーロに達すると報告されている。Deutsche Bank, Geschäftsbericht 2023, S.384参照。

務づけるなら、応募しなかった株主には買収者の負担で投機をする機会が与えられる。また、民事責任という利害調整は、最終的な解決までに時間がかかることが多い。

　一つの考えられる対応は、公開買付けに価格規制違反があることが監督機関の審査後に判明した場合、本来の適正な価格による公開買付けを再度実施させる一方で、このような事後的な救済に時間的な制限を設けることではないかと思われる。

　本稿で取り上げたのは、価格規制の事後的なエンフォースメントの多くを民事裁判に委ねるドイツ法の状況であるが、監督機関が事後的に介入する法制もある[39]。望ましい規制の在り方の探求には、他の諸国の法制の調査も有益であると思われるが、これについては、他日を期したい。

---

(39)　オーストリアの企業買収規制においては、強制的公開買付けないし任意の支配権取得のための公開買付けに際して、企業買収委員会が、公開買付けの実施後3ヶ月以内に価格の適正さを再審査することを、対象会社株主は申し立てることができ（墺企業買収法26条5項）、同委員会は、価格規制違反が認められる場合には、公開買付者の議決権の停止を命じることができる（同法34条）。

第6章
社債の定義についての判例の立場
—— 最判令和3年1月26日（民集75巻1号1頁）から

橡川泰史

1 「社債」の定義をめぐる問題

　金融商品取引法（以下では「金商法」とする）2条1項および2項は、社債券に表示されるべき権利を同法上の「有価証券」とみなす旨を定める。しかし、社債券および社債券に表示されるべき権利の内容について同法には特に定めはなく、その定義は会社法に委ねられていると考えられる。したがって、会社法が定める社債券（会社法687条）に表示されるべき権利、すなわち会社法上の「社債」に該当する権利はすべて金商法上の有価証券となる。

　会社法第4編「社債」の規定は大部分が強行規定であるが、その規制目的は「公衆である社債権者の保護」につきる[1]とするならば、そのような目的の下で定義された社債がそのまま、「資本市場の機能の十全な発揮による金融商品等の公正な価格形成等」（金商法1条）を通じて公衆たる投資家の保護を図る金商法の適用を受けるべき同法上の有価証券・みなし有価証券とされるのは自然なことである。

　しかし、会社法制定前商法における社債の定義と比較してみると、会社法上の社債の社債権者についても常に「公衆である社債権者」に該当するかについては、検討を要するように思われる。

　すなわち、会社法制定前商法においては、社債を定義する明示的な定めはなかったものの、「広義には公衆に対する起債によって生じた会社の負債に対す

---

[1] 江頭憲治郎編『会社法コンメンタール16』（商事法務・2010年）5頁〔江頭〕。

る債権」「狭義の社債は（商法が定める）株式会社及び株式合資会社の社債のみを指す」[2]、との定義が（同法上の株式合資会社制度が廃止された後も）一般に受け入れられ、会社法の代表的な教科書においても「公衆に対する起債によって生じた株式会社に対する債権であって、これについて有価証券が発行されるもの」といった説明が一般的なものであった[3]。こうした旧法上の定義が維持されているのであれば、会社法上の社債権者はまさしく「公衆としての社債権者」に該当すると言える。しかし現行会社法における社債の定義は、これよりも広い範囲の債権者を社債権者とするものと考えられる。

詳論すると、会社法2条23号は、社債を「この法律の規定により会社が行う割当により発生する当該会社を債務者とする金銭債権であって、第676条各号に掲げる事項についての定めに従い償還されるもの」とするが、ここで引用されている会社法676条は、会社が発行する社債を引き受ける者を募集（すなわち、募集社債の発行を）しようとするときに、発行しようとする社債について、その発行の都度定めるべき事項を列挙する条文であり、そのうち社債の元本及び利息の償還に関する定めは、下記の①〜⑤の事項である。

①発行する社債の総額（1号）

②各社債の金額（2号）

③発行する社債の利率（3号）

④発行する社債の償還方法・償還期限（4号）

⑤発行する社債の利息の支払方法・支払期限（5号）

このうち②以外の事項は、会社が取引によって金銭債務を負担する場合に取引相手との取り決めにより予め定めておくべき最低限の事項（債務元本と利率、元本と利息の支払時期と方法）を列挙したものでしかない。さらに②「各社債の金額」の定めは、募集社債を小口に分割して発行することを前提とする定めであるが、一般には小口に分割しないで募集社債を発行することも認められると解されており、この通説的解釈を前提とする限りは、小口に分割されるとい

---

(2) 石井照久『社債法』（勁草書房・1949年）5頁。

(3) 鴻常人『社債法（法律学全集33巻）』（有斐閣・1958年）1頁、鈴木竹雄『新版会社法（全訂第2版補正版）』（弘文堂・1983年）288頁、鈴木竹雄＝竹内昭夫『会社法（法律学全集28巻）』（有斐閣・1987年）438頁、田中誠二『三訂版会社法詳論(下)』（勁草書房・1994年）1014頁、北沢正啓『会社法(第六版)』（青林書院・2001年）620頁など。

う点をもって社債たる金銭債務とそれ以外の金銭債務とを本質的に区別する決定的な要素であるとも言い難い。

このように、会社法2条23号の定義からは、会社が何らかの取引によって負担するに至った金銭債務について幅広く「社債」として成立していると認める余地すらあるように思われる。少なくとも会社法が「公衆に対する起債」および「有価証券が発行されるもの」という要件を社債の定義に含めていないことは明らかである。

会社法が従前の社債の定義を採用しなかった理由は、会社法制定当時において私募債のように「公衆に対する起債」とは言えない発行方法による社債が現れていたことや[4]、有価証券発行を前提としない社債が特別法（社債等の振替に関する法律（平成13年法75号））により認められるようになっていたこと[5]に加え、CP、ユーロ債、シンジケートローン、その他会社法制定前商法を根拠法としない債券などによる負債性の資金調達機会が増えたのに対して、社債管理制度や社債権者集会などの強行法規を含む社債に関する規定の適用範囲を明確化できなくなっていた状態に対応しようとするものだったと指摘される[6]。

しかし、現行会社法2条23号による定義規定により、各種ユーロ債への社債管理者設置強制の有無について立法的に解決されたとの理解は妥当ではない[7]、あるいは定義規定により別の解決すべき問題が生じた可能性があるとの指摘もされており[8]、旧法において明文化されていなかった解釈上の社債の定義を実務上の混乱を避けるために明文化したことによっても、本来社債に含めるべきでないものに社債の規定を及ぼす、あるいは反対に社債規制を及ぼすべきものが社債とされないという問題は残っている可能性がある。

この問題については、会社の資金調達の実務上は重大な問題も発生していな

---

(4) 平成5年のいわゆる社債法改正において会社法制定前商法が私募社債の発行が認められたことにより既に旧来の社債の定義に問題が生じていたことについては、伊藤壽英・松本崇ほか「シンポジウム・いわゆる金融の証券化とその法的評価」（金融法研究第11号（金融法学会・1995年））33頁における拙報告（同82頁）参照。
(5) 野村修也「新会社法における社債制度」ジュリスト1295号119頁。
(6) 野村・同前119頁。橋本円『社債法』（商事法務・2015年）3頁。
(7) 野村・同前120～121頁。
(8) 神田秀樹『会社法〔第26版〕』（弘文堂・2024年）358頁。

いことから、会社法2条23号の定義規定に依拠して社債該当性を判断して差し支えないとの指摘もなされているところだが[9]、最近になって、利息制限法の社債への適用の可否をめぐる問題に関連して、会社法上の社債の定義に関わると思われる判示をする興味深い最高裁判決（最判令和3年1月26日民集75巻1号1頁——以下「令和3年判決」とする）が現れた。本稿では、この判決を取り上げ、現時点において会社法上の社債の定義に関する判例の態度について、若干の分析を加えてみたい[10]。

2　令和3年判決の事実の概要と判旨

(1) 事実の概要

投資に関するシステム開発等を業とする株式会社である甲社は、HFT（超高速取引）のための新システム開発等に要する資金を調達するため、会社法676条各号に掲げる事項を定めて、その発行する社債を引き受ける者の募集をした。この募集に応じたYは、甲社から割当てを受け、平成24年、上記募集事項に従って2000万円を払込み、平成27年までの間、甲社から利息制限法1条所定の制限利率を超える利率の利息の支払及び社債の償還を受けた。

甲社は、平成24年3月23日から平成27年11月20日までの間、第1回から第203回まで、各回の社債の引受人数は1人ずつとされたが、延べ人数で200人を超える者から、相当に高い利率の利息（ほとんどのものが利息制限法所定の上限利率を超える利率であり、年利90％を超えるものもあった）を付して社債の発行により資金を受け入れていた。

甲社は平成28年4月13日に東京地方裁判所において破産手続開始の決定を受けた。甲社の破産管財人Xは、甲社が社債の利息としてYに利息制限法1条所定の制限を超えて支払った金額を元本に充当すると過払金が発生しているなどと主張して、Yに対して不当利得返還請求権に基づき過払金の返還等を求めた。

第一審（東京地判平成30年7月25日民集75巻1号12頁）は、社債の利息の支払に利息制限法は適用されないから、その適用があることを前提として甲社

---
[9]　橋本・前注(6)6頁。
[10]　本稿は拙稿・「判批」判例秘書ジャーナルHJ100115に基づくものであるが、一部同稿から見解を改めた部分がある。

に過払金が生じているとする原告の主張は採用できず、甲社のYに対する不当利得返還請求権は認められないとして、請求を棄却し、控訴審である原審（東京高判平成31年1月30日民集75巻1号18頁）も、会社法の規定する社債に当たると認められる以上、事実関係の如何により利息制限法の適用の有無が左右されることはなく、本件社債にも同条の規定は適用されないと判断して、Xの請求を棄却すべきものとした。X上告。

　（2）判旨（〔A〕～〔D〕の記号は引用の便宜から筆者が付加した）
〔A〕　利息制限法1条は、「金銭を目的とする消費貸借」における利息の制限について規定しているところ、社債は、会社法の規定により会社が行う割当てにより発生する当該会社を債務者とする金銭債権であり（同法2条23号）、社債権者が社債の発行会社に一定の額の金銭を払い込むと償還日に当該会社から一定の額の金銭の償還を受けることができ、利息について定めることもできるなどの点においては、一般の金銭消費貸借における貸金債権と類似する。しかし、社債は、会社が募集事項を定め、会社法679条所定の場合を除き、原則として引受けの申込みをしようとする者に対してこれを通知し（同法677条1項）、申込みをした者の中から割当てを受ける者等を定めることにより成立するものである（同法677条2項、3項、678条、680条1号）。
　このように社債の成立までの手続は法定されている上、会社が定める募集事項の「払込金額」と「募集社債の金額」とが一致する必要はなく、償還されるべき社債の金額が払込金額を下回る定めをすることも許されると解される（同法676条2号、9号参照）などの点において、社債と一般の金銭消費貸借における貸金債権との間には相違がある。また、社債は、同法のみならず、金融商品取引法2条1項に規定する有価証券として同法の規制に服することにより、その公正な発行等を図るための措置が講じられている。
〔B〕　ところで、利息は本来当事者間の契約によって自由に定められるべきものであるが、利息制限法は、主として経済的弱者である債務者の窮迫に乗じて不当な高利の貸付けが行われることを防止する趣旨から、利息の契約を制限したものと解される。社債については、発行会社が、事業資金を調達するため、必要とする資金の規模やその信用力等を勘案し、自らの経営判断として、募集事項を定め、引受けの申込みをしようとする者を募集することが想定されてい

るのであるから、上記のような同法の趣旨が直ちに当てはまるものではない。今日、様々な商品設計の下に多種多様な社債が発行され、会社の資金調達に重要な役割を果たしていることに鑑みると、このような社債の利息を同法1条によって制限することは、かえって会社法が会社の円滑な資金調達手段として社債制度を設けた趣旨に反することとなる。

〔C〕　もっとも、債権者が会社に金銭を貸し付けるに際し、社債の発行に仮託して、不当に高利を得る目的で当該会社に働きかけて社債を発行させるなど、社債の発行の目的、募集事項の内容、その決定の経緯等に照らし、当該社債の発行が利息制限法の規制を潜脱することを企図して行われたものと認められるなどの特段の事情がある場合には、このような社債制度の利用の仕方は会社法が予定しているものではないというべきであり、むしろ、上記で述べたとおりの利息制限法の趣旨が妥当する。

〔D〕　そうすると、上記特段の事情がある場合を除き、社債には利息制限法1条の規定は適用されないと解するのが相当である。前記事実関係によれば、本件において上記特段の事情の存在はうかがわれないので、本件社債に利息制限法1条の規定は適用されないというべきである。

（上告棄却。）

3　最高裁令和3年判決の分析

(1)　利息制限法1条が適用される「消費貸借」の範囲

利息制限法1条は、同条により無効となる契約の対象を「金銭を目的とする消費貸借における利息」の契約と定めている。また同法3条は、その「利息」の意義について「金銭を目的とする消費貸借に関し債権者の受ける元本以外の金銭は、礼金、割引金、手数料、調査料その他いかなる名義をもってするかを問わず、利息とみなす」とする。すなわち同法1条が適用される利息とは、「金銭を目的とする消費貸借に関し」債権者の受ける金銭に限られ、「消費貸借に関し」ていない金銭は、同条の直接の対象ではない。

そこで社債に付される利息に利息制限法1条が適用の有無を考えるためには、利息の元本となる金銭債権である社債が、同法における「消費貸借」に該当するか否かの検討が必要となる。

ある金銭の支払いが利息制限法における「利息」に該当するかという問題について、令和3年判決以前においては、手形割引における割引料[11]、ファイナンス・リースにおけるリース料[12]、ファクタリング取引における債権売買代金と債権額面額の差額[13]、および令和3年判決と同じく社債の利息[14]を取り上げた判例が知られていた。これらの判例を検討すると、利息制限法1条の「金銭を目的とする消費貸借」の範囲は、民法上の金銭消費貸借契約と同一のものではなく、利息制限法の趣旨から解釈して適用範囲を定めるべきとする前提が概ね共有されているように思われる。

これらの判例について論じる学説を見ても、手形割引への同法適用に関して、手形割引の法的性質を論ずる必要はなく端的に利息制限法を適用すべきか否かを論ずれば足りる[15]、あるいは「手形割引を（略）消費貸借と構成しなければ同法の適用がないと解するのは形式的にすぎよう」[16]としたり、ファイナンス・リース契約に関して、リース料のうち社会経済的実体としてリース会社による与信である部分に対する実質的利息とみなせるリース会社の利益について、リース会社の出資額（信用供与額）に対する利率が利息制限法を上回る場合には利息制限法の脱法行為とみなせる[17]と指摘するなど、ある法律関係が利息制限法1条の「金銭を目的とする消費貸借」に該当するか否かについて、民法上の金銭消費貸借契約に該当するかではなく、端的に利息制限法の趣旨から解釈して適用範囲を定めるべきとされてきたとの理解が示されてきている。

上記判旨Bの部分が、利息制限法の趣旨を検討した上で同法の社債への適用の可否を論ずるのは、判例についてのこのような理解を受けてのものと考えら

---

[11] 名古屋地判昭和31年6月30日下民集7巻6号1731頁、名古屋地判昭和31年7月7日金法112号5頁【要旨】、名古屋高判昭和32年1月30日判時104号24頁、最判昭和48年4月12日金法686号30頁など。
[12] 東京高判昭和61年1月29日判時1185号104頁。
[13] 大阪地判平成29年3月3日判タ1439号179頁。
[14] 令和3年判決の1審・原審の他に東京地判平成30年7月25日判タ1470号208頁、東京地判令和1年6月13日金判1573号34頁、東京高判令和1年10月30日金判1595号48頁。
[15] 神田秀樹「手形割引の法的性質」別冊ジュリスト108号190頁（1990年）、梅村悠「手形割引の法的性質」別冊ジュリスト222号180頁（2004年）。
[16] 前田庸「手形割引と買戻請求権」ジュリスト300号216頁。
[17] 加藤雅信「リース契約への割賦販売法、利息制限法の適用」金法1127号26頁（1986年）。

れる[18]。

(2) 利息制限法の趣旨と社債

　最高裁は上記判旨Bにおいて、利息制限法の趣旨を「主として経済的弱者である債務者の窮迫に乗じて不当な高利の貸付けが行われることを防止する趣旨から、利息の契約を制限」するものとしている。これと同様の見解は、過去の最高裁判決でも示されていたことである[19]。

　しかし利息制限法1条が事業者や消費者といった属性で規律対象の債権者・債務者を限定していない以上、同判旨のいう「経済的弱者」を消費者という意味ととることはできない。消費者保護を目的としない同条の金利規制の趣旨は、貸付に際して高利・暴利を附する行為そのものの規制と見るしかないのである[20]。そうであるならば、同判旨の言う「経済的弱者である債務者」という文言の意味については、「不当な高利の貸付け」を甘受した債務者をそのように言い換えているだけであるとしか理解できない[21]。

　上記判旨Bは「社債については、発行会社が、事業資金を調達するため、必要とする資金の規模やその信用力等を勘案し、自らの経営判断として、募集事項を定め、引受けの申込みをしようとする者を募集することが想定されているのであるから、上記のような同法〔利息制限法―引用者〕の趣旨が直ちに当てはまるものではない」とするが、同判旨のいう「経済的弱者」の意味を上記のように理解するならば、社債発行者であっても社債の利率が「不当な高利」で

---

[18]　令和3年判決の評釈である土井文美「判例解説」（法曹時報75巻6号103頁）は、社債への利息制限法適用の可否について、利息制限法の対象となる「金銭消費貸借」の意義について文言上明確ではないとしつつ、「この点は古くから問題とされてきたものの、立法的解決、最高裁の判断のいずれも存在しない状態が続いていた。この問題について正面から議論することとなったのが本件である。」と指摘する。

[19]　最判昭和37年6月13日民集16巻7号1340頁における多数意見、最判昭和39年11月18日民集18巻9号1868頁の多数意見。神吉正三「社債の利息に対する利息制限法の適用の可否」龍谷法学53巻1号1頁（2020年）20頁参照。

[20]　森泉章『判例利息制限法』（一粒社・1972年）14〜15頁参照。前出・土井108頁は、「一般的な高利規制として生産者に対する金融の保護や、市場金利の高騰を制限するための規律であるともいえる」とする。

[21]　同判旨については、債務者が経済的弱者の地位にあるから債務者一般を保護するという意味なのであって、債務者に経済的弱者とそうでない者とがいるという意味とはとれないという指摘がある。今井克典「利息制限法の社債への適用」名古屋大学法政論集286号37頁（2020年）42頁以下。

あればやはり「経済的弱者」として利息制限法による保護を受けるべき者となり得るのであって、たとえ会社の経営判断として発行された社債であったとしても、そのことだけをもって社債に利息制限法が適用されることを否定することはできないものと解すべきこととなろう。

　すなわち判旨Bは、条文解釈としては、利息制限法1条の趣旨のみをもって社債への利息制限法の適用を全面的に肯定することはできないことを指摘するに止まるものと解される。判旨Bの根幹を為すのは「今日、様々な商品設計の下に多種多様な社債が発行され、会社の資金調達に重要な役割を果たしていることに鑑みると、このような社債の利息を同法1条によって制限することは、かえって会社法が会社の円滑な資金調達手段として社債制度を設けた趣旨に反する」との利益衡量を示す部分である。

（3）社債と消費貸借による貸金債権との相違

　さて、令和3年判決判旨Dは、社債には利息制限法が適用されないことが原則であり、例外的に適用される場合もあるとの立場を示すが、上述のとおり判旨Bはその条文解釈上の根拠を示す部分とは言い難い。同判決は、判旨A前段で「社債は、会社法の規定により会社が行う割当てにより発生する当該会社を債務者とする金銭債権であり（同法2条23号）、社債権者が社債の発行会社に一定の額の金銭を払い込むと償還日に当該会社から一定の額の金銭の償還を受けることができ、利息について定めることもできるなどの点においては、一般の金銭消費貸借における貸金債権と類似する」としつつ、判旨A後段の「社債と一般の金銭消費貸借における貸金債権との間には相違がある」という判示をしており、この「社債と貸金債権の間の相違」こそが判旨Dにおいて社債に利息制限法を適用しないことを原則とすべきとする法解釈の主たる論拠であると考えられる。

　この、「社債と一般の消費貸借における貸金債権との間の相違」の具体的内容として判旨Aが指摘するのは、
(a) 社債の成立が募集・申込み・割当てといった法定の手続によること
(b) 会社が定める募集事項の「払込金額」と「募集社債の金額」とが一致する必要はなく、償還されるべき社債の金額が払込金額を下回る定めをすることも許されること

の二点である。

　民法上の消費貸借は、貸主が借主に物を引き渡し、借主が貸主に種類・品質及び数量の同じ物をもって返還することを約することにより成立する（民法587条）。すなわち消費貸借は、返還が約束された物と同種・同質・同量の物の引渡しを要するが、それ以外の特段の方式の定めのない要物契約である。したがって、社債との「相違」点として判旨Aが指摘することは、(a) が社債では債務者である会社と社債権者との間の契約（社債契約）の方式が法定されていること、(b) が社債契約では要物性のうち「同量」の要件が不要とされていることと考えられる。

　この二点の相違が社債に利息制限法を適用することを否定する根拠とされる理路を明らかにするためには、社債契約に一般的な消費貸借契約との間でこれらの相違点があることにより、社債契約に利息制限法の目的である「高利規制」をあてがうことでいかなる不都合が生じると考えられるかを検討する必要がある。

　以下、節を改めて検討する。

4　社債契約の特徴と利息制限法

　本稿1.でも述べたように、会社法制定前商法においては社債を定義する明示的な定めは置かれていなかったが、「広義には公衆に対する起債によって生じた会社の負債に対する債権」「狭義の社債は（商法が定める）株式会社及び株式合資会社の社債のみを指す」、との定義が（同法上の株式合資会社制度が廃止された後も）一般に受け入れられていた[22]。この定義の下では、一般公衆に対する起債によって生じた負債に対する債権を広く「公債」というときは、社債もまたこの公債に属するとされ、この意味の公債の特質として、一般にその起債額が巨額なこと、一般公衆からそれを募集すること、期間が継続的であること、借入総額が同額の持分に分れること、各債権者について条件が大体において同一なこと等が挙げられていた[23]。

　これに対して、現行会社法における社債の定義（会社法2条23号）は、社債

---

(22)　前注(3)参照。
(23)　石井・前注(2)5頁。

が会社に対する金銭債権であることは明示するが、債権成立のための手続（会社法の規定により会社が行う割当て）は、これが公衆に対する起債であることを要件とするものとは読み取れない。しかし、会社法が「公債」の性質をもつ社債発行を許容していることもまた明らかである。

例えば社債管理者の規定は、小口で多数の社債権者が存在するために生じる特別な債権者保護の必要性（社債権者自らが適切に社債の管理・保全を行うのが難しい）に対応する制度であるとされる[24]。これは「公債」の特色とされる金額の巨額性、一般公衆が債権者であること、期間が継続的であること、借入総額が同額の持分に分かれる（その結果として多数の小口債権者が現れる）ことを想定した制度といえる。

この意味の公債の発行の法律関係の特徴は、借入総額（社債においては「募集社債の総額」（会社法676条1号））が個別の債権者との間では金額（社債においては「各募集社債の金額」（会社法676条2号））に応じた持分的権利に分割されている点にある[25]。それ故、公債発行では、債権者と公債発行体との実質的な交渉は原理的に不可能であり、公債を公衆に販売する証券会社等の引受シンジケート団等が債務者である発行体との交渉により社債契約の内容を予め実質的に確定させることとなる。すなわち、個々の債権者が発行体と直接交渉をする機会はなく、個々の債権者と発行体の関係は債権者から見て典型的な附合契約となる[26]。

このように、公衆として現れる債権者と公債発行体との間に、「暴利規制」による債務者保護立法である利息制限法を適用する必要性があるとすることはかなり難しい。契約自由の原則の下で利息制限法が契約にもとづく利息の合意に対して強行法的に暴利規制を及ぼすのは、債務者に一方的に不利益であると思われる利息についての合意の存在自体が、一般的には当事者間の交渉力の極端な格差の結果である高い蓋然性を示しているという価値判断を前提としていると考えられる。しかし、会社法上の募集社債発行手続では、募集社債総額に

---

[24] 奥島孝康＝落合誠一＝浜田道代『新基本法コンメンタール会社法 3〔第2版〕』（日本評論社・2015年）164頁〔森まどか〕。
[25] 石井・前注(2)5頁。
[26] 奥島＝落合＝浜田・前注(24)113頁〔落合誠一〕。

ついて発行会社から償還金を受領する権利を中核とした法律上の地位（社債管理者や社債権者総会に関する種々の権利義務関係を含む）が募集事項決定の段階で確定しており、社債権者はただその地位を割合的に分割された権利を有償で獲得する機会を与えられるのみであり、債権者には利息が低すぎると判断すれば応募しないという消極的な選択権しかなく、利息について交渉する機会は事実上与えられていない。

　実際、かつてはこうした点を捉えて、社債発行時における個々の社債権者と社債発行会社の間の契約関係（この関係は一般に「社債契約」と称される）の成立を認めず、社債発行を債券売買と構成する学説も有力であった。この債券売買説はその根拠として、社債応募者に社債契約の申込みという意識が希薄であると思われる諸事情を挙げ、社債権者は証券化された会社に対する債権の所有（を目的とする投資）を意図していると指摘する[27][28]。

　債券所有権を目的とする取引と構成するからといって必然的に「消費貸借の利息」の観念が不可能とは言えないが（額面からの割引売買の体裁で実質的な高利融資を設定することがあり得るのは、手形割引取引と同様である）、これらの学説は、社債に応募する者の目的が小口化・定型化された証券の取得であることに着目した学説であり、そこに利息に関する会社との個別的交渉の余地がないのが一般的であるという事実を「債券売買」という法律構成に反映しているのである。

　しかし、現行会社法の社債の定義や、募集社債発行のための規定は、会社法上の社債概念を上記のような「公債としての社債」に限定するものではない。

　すなわち会社法においては、社債の割当までの手続において「募集社債の総

---

(27)　鴻・前注(3)15頁以下。石井・前注(2)21頁は債券売買説に賛成する理由として、社債応募者に社債契約の申込みという意識が希薄であると思われる諸事情を挙げ、むしろ投資による債権の証券化による所有を意図しているとする。

(28)　東京地判令和1年6月13日および東京高判令和1年10月30日・前注(14)は、社債への利息制限法適用を否定する根拠として①社債の割当てを受ける者とその者に割り当てる金額・社債の数を社債発行会社が定めること、②債務の成立に払込みは不要であること、③額面未満発行も可能なことなどの点で、返還約束と約定金額の金銭授受をもって当該約定金額について効力を生ずる金銭消費貸借契約（民法587条）とは法律上の規律が異なる、といった事情を挙げるが、これも本文に述べたような「公債」としての社債についての指摘として読むことができよう。

額」と「各募集社債の金額」を区別し、発行会社がそれぞれの金額を別個に定めることを求めているが（会社法676条1号・2号）、各募集社債の個数については特段下限の定めもないので、募集社債の1個だけ発行することや、金額の異なる募集社債を1個ずつ発行し、それぞれ別の者に割り当てることも可能である。そのような発行形態をとった場合には、上記の意味での「公債」の発行とは異なり、社債発行前に債務者と個別債権者の個別交渉がむしろ前提となろうし、社債契約の内容である社債金額や社債の利率（会社法676条3号）も資金供給者である債権者の想定する利潤との兼ね合いで、この個別交渉により決定されることもまた想定される。このような場合、社債契約の成立は、消費貸借契約に類似する関係であり、その当事者である社債権者と発行会社には利息制限法が適用されると理解する余地は十分にあると考えられる[29]。

　以上の分析から、令和3年判決の判旨Dに言う「特段の事情がある場合を除き、社債には利息制限法1条の規定は適用されないと解するのが相当である」との判示の意味をあらためて考察すると、同判決は利息制限法1条との関係では、社債は利息制限法適用が不適切な「公債としての社債」であることが推定され、利息制限法適用が肯定されるべき特殊な社債発行形態であったことを証明すればこの推定は破られるという法原則を示すものと理解できるのではないか。この理解は、判旨Bの後段における「今日、様々な商品設計の下に多種多様な社債が発行され、会社の資金調達に重要な役割を果たしていることに鑑みると、このような社債の利息を同法1条によって制限することは、かえって会社法が会社の円滑な資金調達手段として社債制度を設けた趣旨に反することとなる。」との判示とも適合的である。

　ただ、判旨Cが示す利息制限法が適用されるべき「特段の事情」は、例示とは言え範囲が狭すぎ、例えば諾成的消費貸借契約に類似するような社債契約の存在が証明されるような場合であっても利息制限法の適用が否定されてしまい

---

(29)　東京地判平成30年7月25日・前注(14)は、発行会社が1回の募集に当たり社債権者を1名とし、公認会計士のBらから紹介を受けた特定の者に、それぞれ異なる金額、利率の社債を発行し、述べ200回近い回数の社債の発行・償還・利払いを繰り返してきたことに鑑みれば、一般論は別として、各社債の利息契約に利息制限法の適用があると解すべきであるとする。これは本文で示したように個別的な事例として金銭の消費貸借と見る余地を認める趣旨の判決と読むことができよう。

そうであるが、判旨Cが示すのはあくまでも明らかに「特段の事情が認定される」一例に過ぎないと考えれば、令和3年判決についての上記の理解に根本的に反するものではない。

5　会社法上の社債概念についての判例の立場

　会社法制定前商法が社債について特別な規定を置く趣旨については、①社債を（私法上の）有価証券とするためと、②社債が公衆に対する起債によって生じるという集団性があるために発行について特別の技術的処理を設けるため、さらに、③多数の社債権者を保護し集団的な取扱いをすることが必要であると考えられたため、と説明する立場があった[30]。この説明は、「公債としての社債」にはよくあてはまる説明である。しかしながら、上述1.で述べたように「公衆への起債」「有価証券を発行するもの」という旧法上の定義を明らかに回避する会社法2条23号の定義を前提としたときに、このような説明が維持できるかは疑問の余地がある。

　この点について令和3年判決は、社債は公債であるが故に利息制限法は適用されないのが原則としつつ、社債であっても利息制限法を適用しないとむしろ不都合な「公債ではない社債」に対しては、利息制限法を適用すべき「特段の事情」があるとする判断枠組みを示す。この判断枠組みを敷衍すれば、「公債としての社債」を会社法2条23号の社債の典型としつつ、その典型から外れている社債については、典型としての社債への規整とは異なるルールを適用すべき「特段の事情」を探る余地がある、との理路を示すものと見ることができる。

　以上から同判決は、会社法上の社債の定義について、あくまでも会社法制定前から一般に社債概念として理解されていたものと合致する社債を典型とし、社債への規整の内容もこの典型像に合致するよう解釈することを原則とするという立場を示すものと評価できる。最高裁は、非典型的な社債については「特段の事情」を認めることで典型的社債とは異なるルールを適用することも可能であることを同時に示してはいるが、その判示を読む限りでは、これが認められる余地は極めて狭いという立場をとっているように思われる。すなわち、会

---

(30)　神田秀樹『会社法（第4版）』（弘文堂・2003年）。なお、この説明は同書第26版（2024年）359頁においても維持されている。

社法に社債についての規定を置く趣旨については会社法制定前と特に異なる説明をする必要がなく、それによる不都合も会社法制定時に立法的に解決済みであって、どうしても不都合が生じるレアケースにおいては、「特段の事情」を認定するなどして個別に解決を図ることが可能であろうという見通しが、現時点での判例の立場と考えて良さそうである[31]。

---

(31) 令和3年判決の判旨の論理構成につき松嶋隆弘「判批」判例時報2520号143頁は「『およそ社債全般』に対して、利息制限法の適用の可否を考えることは、会社法の下では、非生産的な議論である」とされる。筆者もこれと同意見であるが、本稿は同判決の評釈を目的とするものではなく、現時点における社債の定義についての判例の立場を探るものであるので、同判決についての評価は本文の内容に止めておきたい。

[編著者]

荒谷　裕子（あらたに　ひろこ）法政大学名誉教授　はしがき
橡川　泰史（とちかわ　やすし）法政大学教授　はしがき、第6章

[著　者]（50音順）

顧　　丹丹（こ　たんたん）東京都立大学教授　第1章
齊藤　真紀（さいとう　まき）京都大学教授　第5章
野田　　博（のだ　ひろし）中央大学教授　第2章
保川　宏昭（やすかわ　ひろあき）三菱化工機（株）コーポレートアドバイザー　第3章
柳　　明昌（やなぎ　あきまさ）慶應義塾大学教授　第4章

法政大学現代法研究所叢書　51
会社法と金融商品取引法の交錯

発　　行　2025年3月29日　初版第1刷発行

編 著 者　荒谷裕子＝橡川泰史
装　　幀　木下悠（YKD）
発 行 者　法政大学ボアソナード記念現代法研究所
発 行 所　一般財団法人　法政大学出版局
　　　　　〒102-0071　東京都千代田区富士見2-17-1
　　　　　TEL 03-5214-5540　FAX 03-5214-5542
　　　　　ホームページ　https://www.h-up.com

印刷・製本　三省堂印刷株式会社

©Hiroko Aratani　Yasushi Tochikawa 2025 Printed In Japan
ISBN978-4-588-63051-4　C3333

≪法政大学ボアソナード記念現代法研究所叢書≫

#	タイトル	価格
1	法律扶助・訴訟費用保険	1,200 円
2	自治体行政と公務労働	1,200 円
3	冷戦史資料選　東アジアを中心として	1,200 円
4	高齢化社会における社会法の課題	2,000 円
5	教育法学の現代的課題	1,500 円
6	世界史のなかの日本占領	2,200 円
7	弁護士倫理の比較法的研究	2,000 円
8	国際労働基準とわが国の社会法	2,500 円
9	西ドイツ債務法改正鑑定意見の研究	4,500 円
10	外国人労働者と人権	2,400 円
11	昭和精神史の一断面	3,000 円
12	子どもの権利条約の研究〔補訂版〕	3,500 円
13	日本の雇用慣行の変化と法	3,800 円
14	各国警察制度の再編	3,800 円
15	ドイツ債務法改正委員会草案の研究	3,200 円
16	労働条件をめぐる現代的課題	3,400 円
17	子どもの人権と裁判	2,800 円
18	少子化と社会法の課題	3,300 円
19	アジア・太平洋における地方の国際化	2,800 円
20	明治大正町の法曹	4,700 円
21	契約法における現代化の課題	2,800 円
22	組合機能の多様化と可能性	3,300 円
23	法における歴史と解釈	3,100 円
24	会社法の現代的課題	2,900 円
25	公益事業の規制改革と競争政策	3,200 円
26	法と遺伝学	2,700 円
27	ポスト公共事業社会の形成　市民事業への道	3,200 円
28	社会国家・中間団体・市民権	3,500 円
29	グローバル・コンパクトの新展開	4,000 円
30	グローバリゼーションとグローバルガバナンス	2,900 円
31	市民的自由とメディアの現在	4,400 円
32	会社法の実践的課題	2,300 円
33	Being Responsible in East Asia	2,000 円
34	市民社会と立憲主義	3,000 円
35	20世紀の思想経験	2,600 円
36	東アジアの公務員制度	4,200 円
37	民意の形成と反映	4,000 円
38	社会と主権	3,800 円
39	日ロ関係　歴史と現代	2,800 円
40	境界線の法と政治	3,000 円
41	金融商品取引法の新潮流	3,000 円
42	現代総有論	2,700 円
43	自治体議会改革の固有性と普遍性	2,500 円
44	（発刊予定）	
45	行政課題の変容と権利救済	2,600 円
46	一般社団（財団）法人法　逐条解説（上）	4,000 円
47	クラウドワークの進展と社会法の近未来	4,300 円
48	労働法における最高裁判例の再検討	5,000 円
49	公的規制の法と政策	2,600 円
50	国際秩序が揺らぐとき―歴史・理論・国際法からみる変容	3,200 円
51	会社法と金融商品取引法の交錯	2,300 円
52	消費者紛争解決手段の発展に向けて―実体法・手続法の課題―	2,800 円
53	権威主義化する世界と憲法改正	2,300 円
54	実効的救済の現状と課題	2,600 円
55	（発刊予定）	
56	地方自治基礎理論の探求〜宮﨑伸光の自治体学をめぐって〜	4,500 円

＊　本広告の表示価格は税別です。